赤ちゃんの視覚と心の発達

山口真美・金沢 創

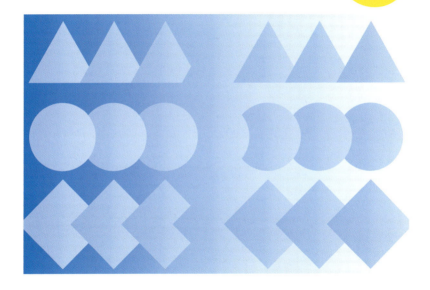

東京大学出版会

Visual and Cognitive Development during Infancy,
Revised Edition
Masami YAMAGUCHI and So KANAZAWA
University of Tokyo Press, 2019
ISBN 978-4-13-012116-3

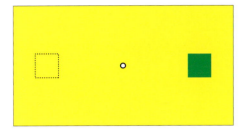

口絵1 色の弁別の実験 (Hamer et al., 1982)
単一波長の黄色の背景 (波長589nm) に, 緑色 (550nm) の正方形の領域が呈示される. 呈示される位置は, 右側もしくは左側の視角にして26度の場所. 緑色の領域の大きさは3度. 中央に, 乳児の反応を観察するための穴が開いている.

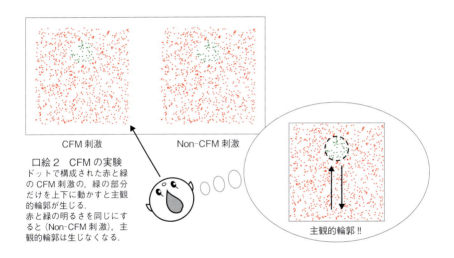

口絵2 CFMの実験
ドットで構成された赤と緑のCFM刺激の, 緑の部分だけを上下に動かすと主観的輪郭が生じる.
赤と緑の明るさを同じにすると (Non-CFM刺激), 主観的輪郭は生じなくなる.

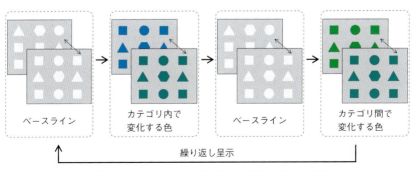

口絵3 色カテゴリへの反応を調べる実験 (Yang, 2016)

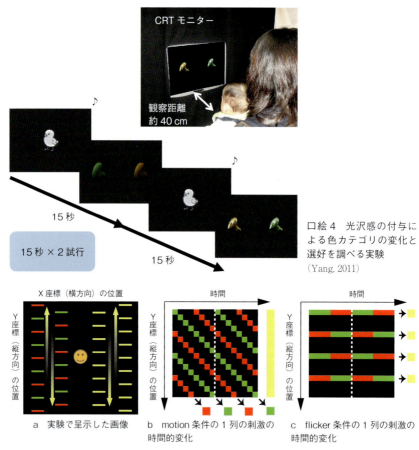

口絵4 光沢感の付与による色カテゴリの変化と選好を調べる実験 (Yang, 2011)

口絵5 乳児の色の融合限界を調べる実験 (Yang *et al.*, 2015)

a 実験で呈示した画像
b motion条件の1列の刺激の時間的変化
c flicker条件の1列の刺激の時間的変化

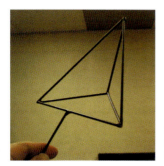

口絵6 針金の立体 (ミネソタ大学にて金沢が撮影)
立体は，頂点に注目すれば手前に飛び出して見えるが，周辺部を見ればわかるように実際は奥に引っ込んでいる．その効果は，写真であっても単眼で見たときのほうが強いようである．

補訂版はしがき

　この本が描くのは，生後1歳以下の赤ちゃん世界です．
　この本の初版が刊行されてから10年の月日が経過しましたが，その間，実に様々な人たちを相手に，1歳以下の世界について説明し続けてきました．子育て関係者や保育士さんをはじめ，赤ちゃん事業に乗り出そうとする人たち，玩具やおむつ・保育機器のメーカー，そして絵本業界の人たちなどです．日々赤ちゃんに触れる現場であってさえも，赤ちゃん世界をまったくわかっていなかったことには，驚くばかりでした．こうした業界の人たちはこれまで，自分たちが思い出せる範囲で，あるいは自分たちの想像で，赤ちゃんを理解し，赤ちゃんに対応してきたのです．
　しかしながら，この本で学ぶように，1歳以下の赤ちゃんは想像を超える別世界を見ています．大人が当たり前のように見ている空間も形も色も，徐々に獲得していくのです．そしてそもそもが，視力が問題です．1歳までは，視覚にかかわる脳が未発達な状態です．にもかかわらず，赤ちゃん向けの絵本は，2歳以下とか3歳以下とか，実に乱暴なくくりにしています．それはまるで，1歳以下の赤ちゃんの人権を無視しているようにすら思えてしまいます．なぜなら赤ちゃん向けの絵本と称したものの大半が，1歳以下の赤ちゃんには見えない色，見えない線で描かれていたりするからです．
　私たちはこの10年，あらゆる業界の人たちを相手に，赤ちゃん世界は，私たちが想像できる世界とは全く違うことを説明し続けてきました．この10年の中で，1歳以下の赤ちゃんの視力を配慮したさまざまな絵本が出版されたことは，実に画期的なことだったと思っています．
　赤ちゃんをめぐるいろいろな出来事にも出会うことができました．赤ちゃん向けの展示が，2014年の夏休みに東京都現代美術館で開催され，たくさんの集客があったこと．美術館という世界が，赤ちゃんにも開かれるきっかけとな

りました.さまざまな文化・芸術にかかわるイベントが,赤ちゃんだけでなく子どもにも開放されるようになってきています.赤ちゃん実験の成果にもとづいた玩具や絵本が開発され,販売されるようになったことも大きな進歩だったと思っています.

　学ぶことによって初めて理解できる,別世界としての赤ちゃん世界を,もう一度みなさんに提供できたらと思います.どうぞ赤ちゃん世界を学んでみてください.

　　2019年3月

山口真美

初版はしがき

　日本は，乳児を対象とした知覚発達研究のパイオニアと自負してよいほどの歴史をもつ．ここで知覚発達研究の簡単な歴史について触れておこう．

　日本で最初に知覚発達の研究が行われたのが，1949年．社会心理学者として著名な三隅二不二先生が，乳児を対象にした「形の恒常性」についての実験研究を発表している．

　一方で赤ちゃん実験の元祖といわれるエレノア・ギブソンが「視覚的断崖」の実験を発表したのが，1960年代．知覚発達実験の歴史そのものから言えば，エレノアよりも先があったということだ．ただしエレノアの実験は，後に述べるように「視覚的断崖」という手法そのものが非常に重要な意味をもっていた．生態学的に意味のある行動を指標として知覚を計測するということそのものが斬新だったわけである．

　そして乳児を対象とした行動実験の一般的な方法が確立されたのも，1960年代だ．ヒト乳児の生まれつきの好奇心は素晴らしく，興味のあるものが目の前にあると一生懸命注視する．この「注視行動」が指標と確定されたのである．ファンツによって，乳児が特定の図形を一貫して好む傾向が発見され，それをもとに「選好注視法」という実験方法が開発されたのだ．

　赤ちゃんを対象にした実験心理学者といえばピアジェの名前を思い出す人も多いだろう．ピアジェはさかのぼること1920年代に，乳幼児の思考や認識能力の形成過程の研究を行っている．思考や認識は，ヒトの基本的能力「知能」にかかわるものだ．そのため，その「発達の視点」においては，いつからどの程度，大人と同じようになるかということが重要視される．

　思考や認識の発達と対照的なのが，情動発達である．情動的なコミュニケーション能力は，幼い頃から大人と同じレベルの機能を持つとされる．つまり，生来が大人と同じであることを出発点として，語られるのである．

このように認知発達・情動発達・知覚発達とさまざまな発達心理学が並ぶ中で，知覚発達心理学は特殊な性質をもつともいえる．認知発達心理学や情動発達心理学では発達のほうに重きをおくが，知覚発達心理学はあくまでも知覚を明らかにすることが主眼となるからだ．

　発達するイコールなにかが改善され機能するという視点に立つと，情動と思考・認識の対立は明白になる．情動については大人と乳児が同じ土俵に立つのに対し，思考や認識・言語は大人が優位で乳児は劣る．その後の発達が質的に異なるのである．そしてこの図式を当てはめようとすると，知覚はややこしいということがわかる．まずは知覚が多様な領域を包含するというのがその1つ．そしてそもそも知覚心理学の目的は，この世界をどう見ているかを明らかにすることにある．思考や認識には単一の正解があるとすると，「この世界をどう見るか」に正解はあるといえるだろうか．

　エレノア・ギブソンの知覚発達実験には，生態学的な正解を知覚に設定しようとする試みがある．たとえば目の前にある対象物に正確に手を伸ばすこと，見かけだけであってもそこに断崖が見えるような状況では落下しないようにすること．空間に対する的確な行動は，日々暮らしている空間世界への適応を示している．それはケガすることなく自由に空間を動きまわるためには必須であり，それゆえ生態学的に意味があるというのである．生態学的に妥当かどうかという意味で，知覚には正解があるのだ．

　このように，歴史的に見ると，正解があるという立場から，知覚発達は検討されてきた．そして知覚から引き起こされる行動が生態学的に妥当であれば正解という点においては，知覚は情動に近いとも言える．ヒトが情動を表出し理解するのは，生存のために必須だからだ．情動を表出し理解する場面において，生態学的に妥当な行動ができるかどうかという点で情動は正解をもつのである．

　知覚が多様な領域を包含すると先に述べたが，こうした空間にかかわる知覚と別の流れをくむのが，パタンや形の知覚である．生態学的な重要性からすると，二次元の形を見ることの意味は薄い．とはいえ二次元世界に形を見る能力は視覚の進化からすると劇的なことであり，心理学では，ゲシュタルトの法則

初版はしがき

のもとに形を見ることの意義や，その法則性が検討されてきた．形が見えるのは，ゲシュタルトの法則がその根底に備わっているからだというのがゲシュタルト心理学の言わんとすることである．ゲシュタルトの法則が先見的に備わっているとするならば，初期発達を見る必要がある．そうした流れの中で，形を見る能力の発達研究が行われてきたのである．

さまざまな知覚発達が検討されていく中で，時代は流れ「神経生理学」の興隆期がやってくる．次々と明らかにされる低次の視覚メカニズムと連動し，知覚発達研究も視力発達や立体視力，色知覚など低次のレベルへとシフトしていった．選好注視法とともに脳波計を用いた研究が行われるようになり，現在の乳児を対象とした実験研究を国際的に見ると，低次の視覚機能研究は解明され尽くした感があり，認知研究はピアジェの流れをくんだ形で続いている．

本書で扱う内容は，認知までには至らない，比較的高次な知覚が主となっている．エレノアや三隅から始まった知覚発達研究も，当初は比較的高次な知覚を扱っていたが，この高次な知覚については，未だに解明されていない点が多い．つまり，大人と比べて乳児が「どんな世界を見ているのか」については謎のまま残されてきたわけなのだ．そうした大きな謎を追った研究を，本書では紹介していこう．

2008 年 8 月

山口真美

目　次

補訂版はしがき　i

初版はしがき　iii

第1章　視　力 ─────────────── 1

1　赤ちゃんを対象とした実験方法　1
　　好みを調べる ── 選好注視法　1
　　区別を調べる ── 馴化法　4
2　視力発達の根幹を示すもの　6
　　どのくらい細かい縞が見えるのか ── 縞視力　6
　　どのくらいはっきり見えるのか ── コントラスト感度　8
3　コントラスト感度の発達　10
　　より洗練された視力測定法 ── 強制選択選好注視法　10
　　質的な発達のゴール ── 生後6ヶ月　11
　　コントラスト感度の発達モデル　12
4　抑制システムの発達　15
　　低空間周波数領域への抑制　15
　　方向選択性のための抑制　17
　　両眼間の抑制　18

第2章　脳の発達と障害 ─────────── 21

1　視覚を支えるハードウェアの発達　21
　　網膜の発達　21
　　脳の発達　22
2　動きの知覚の障害　24
　　視覚脳は2つの経路にわかれる ── 背側系と腹側系　24
　　「背側系の脆弱性」仮説 ── ウィリアムズ症候群とポスティング課題　25

「マグノ系に特定した障害」仮説——ディスレクシアと運動透明視　27
　　　「注意の障害」仮説——ディスレクシアと「情報の制限」　28
　3　高次の知覚の障害という可能性　29
　　　自閉症の要因　29
　　　自閉症と形の知覚　30
　　　自閉症と動きの知覚　31
　　　複雑性－固有仮説　32

第3章　色を見る　39

　1　色が見えるメカニズム　39
　　　色情報の入口——網膜　39
　　　色は脳で見る　40
　2　色の知覚と好みの発達　41
　　　色はいつから見えるのか　41
　　　青い色は見えにくいか　42
　　　色の区別と脳活動　44
　　　どんな色を好むのか　44
　3　色の知覚と明るさの知覚　45
　　　色と明るさの関係　45
　　　個人差を加味した色の実験方法——最小運動法　46
　4　より高度な色の見方　48
　　　色と照明の関係　48
　　　色の恒常性　49
　　　経験の重要性　50
　　　色の誘導と対比　51
　　　色カテゴリの獲得　52

第4章　時間的な変化を見る　57

　1　時間的な変化を検出する能力　57
　　　コントラスト感度関数（CSF）と時間コントラスト感度関数（tCSF）　57
　　　動きの知覚の基礎となるチラツキへの感度　58

- **2 時間コントラスト感度はいつ完成するか** *59*
  - 極めて早い発達を示す臨界融合周波数（CFF） *59*
  - コントラストを下げ点滅を遅くするとチラツキは見えにくくなる *60*
- **3 時間コントラスト感度を調べるための洗練された実験方法** *62*
  - 選好と回避を同時に扱う *62*
  - ローパス型からバンドパス型へ——時間周波数の発達的変化 *65*
- **4 時間コントラスト感度の発達** *67*
  - 中程度の時間変化のチラツキを見る発達が一番遅い *67*
  - チラツキの検出——皮質処理と皮質下処理 *69*
- **5 時間と色コントラストの統合** *71*
  - 色とフリッカーの統合 *71*
  - 乳児の色の融合限界 *72*
  - フリッカー融合システムの発達 *74*

第5章 動きを見る ― *77*

- **1 いつから動きが見えるのか** *77*
  - 低月齢競争を超えて *77*
  - 動きを見る能力の発達段階 *78*
- **2 皮質がはたらく前の運動視** *79*
  - 拡大運動パタンへの防御反応 *79*
  - OKN（視運動性眼振）反応の非対称性 *80*
- **3 方向性をもった運動への感度の発達** *82*
  - 生理的指標——視覚誘発電位（VEP）による感度の計測 *82*
  - 行動的指標——選好注視法による感度の計測 *84*
  - 皮質が関与する感度の発達 *88*
- **4 拡大・縮小運動への感度の発達** *90*
  - 速度勾配がつくと印象が強まる *91*
  - 拡大運動パタンはポップアウトする *93*
  - 皮質の発達に関する神経学的モデル *94*

第6章　動きから構造を復元する ——— 99

1. 動きから形を取りだす　99
    - 運動情報をまとめて取りだす　99
    - 動きによる分化　100
    - 動きが主観的輪郭の知覚を促進する　102
    - 輪郭と遮蔽——見方の違い　104
2. 動きから構造を取りだす　105
    - 両眼立体視との関係　105
    - 動きは構造の把握を促進する　109
    - 動きだけから構造を知覚する　111
3. 動きから面を取りだす　113
    - 動きによる遮蔽関係の知覚　113
    - 角度差と動きによる分化　115
    - 動きによる重なりの知覚——運動透明視　117
4. 動きの知覚から運動発達へ　120
    - 動きで形を補完する　120
    - 奥行き知覚からリーチングやハイハイへ　122

第7章　形を見る ——— 127

1. 形を見る法則　127
    - ゲシュタルトの法則　127
    - 図と地の法則　129
2. 形の基本がわかるのか　130
    - 縦と横の区別　130
    - 形の区別　131
    - 形を見る能力を探る実験の工夫　131
3. 主観的輪郭の見方　133
    - 輪郭線が見える　133
    - 奥行きが見える　134
4. 隠れた形を見抜く　136
    - 輪郭線を補う——モーダル補完とアモーダル補完　136

　　　　補完と透明視　*137*
　5　形の知覚から顔の知覚へ　*138*
　　　　枠にとらわれる　*138*
　　　　左右対称という魅力　*140*

第8章　空間を見る ──────────────── *143*

　1　空間視の成立　*143*
　　　　生存のために必要な能力　*143*
　　　　空間視の生得性　*143*
　　　　近づく動きから空間を見る　*144*
　2　両眼で見る空間世界　*146*
　　　　両眼立体視の成立　*146*
　　　　輻輳と両眼立体視　*147*
　　　　両眼融合と両眼立体視　*148*
　3　単眼で見る空間世界　*150*
　　　　動きで見る運動視差　*150*
　　　　絵画的奥行き手がかり　*151*
　　　　遮蔽からの奥行き手がかり　*152*
　　　　陰影からの奥行き手がかり　*153*
　4　3次元の物体表象の獲得　*155*
　　　　手がかり間の転移　*155*
　　　　空間認識の獲得と脳の発達　*157*
　5　空間世界を安定して見る　*157*
　　　　恒常性──空間世界で生存するために必要なこと　*157*
　　　　大きさの恒常性と形の恒常性　*158*

第9章　顔を見る ──────────────── *163*

　1　生まれたばかりでも「顔」に注目する　*163*
　　　　親の姿形を学習する──インプリンティング　*163*
　　　　氏か育ちか　*165*

- **2 顔認識の萌芽** *166*
  - いつ母親顔を好きになるのか *166*
  - 顔の配置で顔を見る――模式顔 *167*
  - 顔の配置で顔を見る――リアルな顔 *170*
- **3 より高度な顔認識へ** *171*
  - 人見知りがおこるころ *171*
  - 3次元として顔を見る *171*
  - 顔の倒立効果 *173*
  - 顔の全体処理と部分処理 *175*
  - 視線の方向の認識 *176*
  - 言語学習と顔学習 *177*
- **4 顔学習と経験の効果** *179*
  - 早い顔学習の成立の背景 *179*
  - 顔認識への経験の効果 *180*
  - 初期経験の重要性 *182*
- **5 表情を見る** *182*
  - どの表情を好むのか *182*
  - どの表情から区別しはじめるのか *185*
  - 表情の見方――大人との違い *189*

あとがき――知覚発達は発達心理学になりうるか *195*

索　引 *199*

＊本文イラスト　上田彩子

第1章 視　力

1　赤ちゃんを対象とした実験方法

▶ 好みを調べる──選好注視法

　乳児を対象とした心理学実験はR. L. ファンツ（Fantz, 1958, 1961, 1963）により，初めて定式化された．その主要な方法が「選好注視法（preferential looking method）」である．言葉の通じない乳児を対象とした知覚的な実験を行うために考え出されたこの方法は，特定の図形パタンを好むという乳児の一般的な性質を利用したもので，乳児の好みをベースに実験を行う．ファンツは，乳児がどのようなパタンを好むのかを明らかにするため，生後46時間から生後6ヶ月までの乳児を対象として，図形パタンへの好みを調べる実験を行った．刺激としてさまざまな図形パタンを提示し，図形への注視時間を計測し，その結果，柄がないものよりも柄のあるもの，一様なパタンよりも同心円のものや縞模様，さらに顔図形も好まれることがわかったのである．その後ファンツは，どのようなパタンがどの程度の選好を引きだすかを徹底的に検討し，図1-1にあるような15ペアのパタンそれぞれについて，生後7日以下の新生児の選好を測定している（Fantz & Yeh, 1979）．図1-1にはそれぞれのペアにおける左側の図形への選好の度合いが示されているが，一様なものよりも，Aパタン化されたもの，Bコントラストが高くはっきりしたもの，C大きなもの，D数が多いもの，E曲がっているもの，が好まれている．

　さらに彼らは同じ論文において，生後4, 7, 9, 11, 15, 20週の各週齢を対象に，図1-2にあげたような12ペアの図形パタンに対する選好の発達的変化を検討している．おもしろいのは，たとえばAのような「大きなものへの選好」である．グラフを見ると，9週齢ごろまでは90％近い選好が見られるに

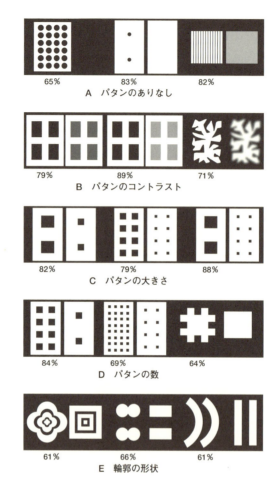

図 1-1 新生児のパタンへの好みを調べたペア図形 (Fantz & Yeh, 1979)

それぞれ左右で1つ（計15）のペア．すべて右側より左側の刺激のほうを乳児は長く注視した．左側の図形の下にある数値は，長く注視した割合を表す．

もかかわらず，11週齢ごろにはその強い選好が消失することがわかる．あるいは，Hのように，生後直後では整ったほうに選好が見られるにもかかわらず，11週齢ごろにその選好が逆転し，乱雑なパタンが好まれるようになる場合もある．さらには，G, I, K, Lなどのように，9週から11週齢ごろに選好が生じるようなパタンもある．これらの選好の発達は，いかにも形の知覚，奥行き

第1章 視　力

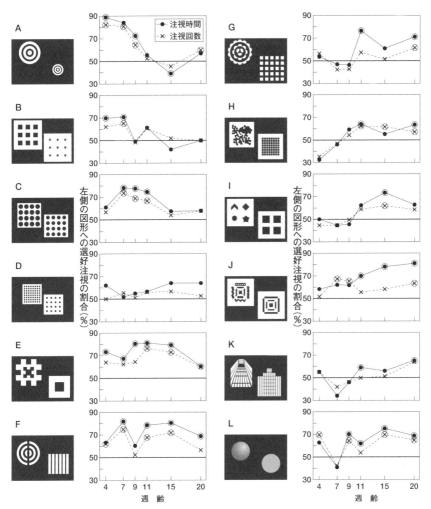

図1-2　乳児のパタンへの好みを調べたペア図形とそれぞれの左側の図形への選好注視の割合を月齢ごとにプロットしたグラフ（Fantz & Yeh, 1979）
　50％のチャンスレベルと比較して，有意な選好が見られたデータを，○で囲ってある．

の知覚，陰影の知覚などが生じていることを示すかのようである．

　もちろん，単に図1-2の1つのペアの選好だけで奥行きや形の知覚発達を結論づけることはできない．乳児は，私たちが想定していないような思わぬ手が

3

かりによって，刺激を選好注視しているかもしれないからである．ここで観察されたような選好注視行動が，本当に「形の知覚」や「奥行き知覚」を意味しているのかどうかは，本書で紹介する数多くの実験により慎重に検討されている．その詳細は，各章での実験事例を通じて後に説明していく．ここで示しておくべきことは，「好んで見る」という行動は，知覚研究の根幹をなす行動指標であり，ごく簡単に2つの刺激を呈示するだけで，さまざまな乳児の知覚世界が検討できるということである．

特定の図形パタンに対する注視時間が一貫して高いという性質を利用したこの方法は，現在でも乳児を対象とした知覚実験において基本となる方法である．一般には，コンピュータモニタ上に視覚刺激を2つ横に並べて呈示し，それぞれの刺激への注視時間を比較することにより選好を調べる．近年では，この方法をより洗練させ，乳児のあらゆる反応をもとに，ターゲットの位置（主に左右）を観察者が推定する，強制選択選好注視法（forced-choice preferential looking method：第3節参照）が主流の方法論となり，視力検査などにも利用されている（Teller, 1979）．

▶ 区別を調べる——馴化法

しかし，選好注視法には限界がある．その最大のものは，好んでいることと区別できることが完全には一致しない場合があるという点だ．つまり，実験対象の図形に対する乳児の選好を前提としているため，たとえ2つの図形を区別できるとしても，好みが同等なものどうしの図形の区別は調べることができないのである．このような場合は，選好と関係なく対象間の弁別を調べることができる「馴化法（habituation method）」が用いられる（Fantz, 1964；Caron & Caron, 1968）．乳児には，短時間であれば，先に見た「見慣れた」刺激に比べ，目新しい刺激を好んで見るいわゆる「新奇選好」がある．この性質を利用して，より一般的に図形どうしの弁別を検討するのである．

この馴化法は，しばしば乳児研究の分野では「馴化・脱馴化法」と呼ばれることがある．これは実は行動主義的な観点からの用語であり，「注視行動」は

刺激に付随しての反応という一種のレスポンデントとなる．この観点からいえば，「脱馴化」という用語は正確ではなく，刺激を変えたことによって注視時間の復帰を示す「馴化・復帰法（habituation-recovery procedure）」と呼ぶ方が正しい．本書ではこうした用語の心理学的な背景に触れるにとどめ，多くの乳幼児研究の慣例に従い，「脱馴化」という用語を用いることとする．

話を元に戻すと，一般に成人では慣れた刺激を好む既知選好があるのに対し，乳児では慣れたものよりも新しい刺激を好む新奇選好がある．この新奇選好の性質を利用し，数分の短い時間で，人工的に「馴化」の状態を作り出すのが実験の基本である．「馴化」の状態が作り出されたかどうかは，刺激への注視時間をもとに判断する．馴化は，最初に提示した刺激への注視時間を基準に，注視時間が半分にまで減少した時点で「馴化した」と判断する．

この「半減」の基準の取り方にはさまざまあり，たとえば試行数を固定しておき，前半と後半で比較するなどの方法がある．完全に馴化するまで，その場で試行数や呈示時間を変えるのが「乳児制御（infant control）」である．より簡便な方法では，あらかじめ刺激の呈示時間と呈示回数を決めておき，その間に馴化が生じたか否かを，注視時間が統計的に有意に減少したかで調べる．

こうして，「刺激に飽きた」状態を作りだす馴化期を経た後，テスト期として新たに2つの刺激を左右に呈示する．テスト期では，一方には馴化期と同じタイプの刺激を，もう一方には違うタイプの刺激をそれぞれ呈示し，ターゲットである後者，すなわち乳児にとって「新しい」刺激への選好がどの程度生じるかを検討する．一般にはコントロール条件として，馴化期の前に，事前にテスト期とまったく同じ刺激を用いて，単なる選好，すなわち自発選好（spontaneous preference）の割合を選好注視法を用いて測定しておき，ターゲット刺激への自発選好の割合が，馴化期を経た後のテスト期に有意に上昇するかどうかをもって，乳児がテスト期に呈示されている2つの刺激を弁別しているかどうかを判断する．このようにさまざまな方法により，乳児の知覚研究は，基本的には2つの刺激ペアの弁別を積み重ねることにより実行される．

ここで注意せねばならないのは，弁別していることと知覚していることは必

ずしも同じではない，という点である．

　乳児の知覚を研究しているとしばしば「好んで見ることと知覚していることは別のことではないのか」と質問されることがある．問いそのものとしていえば，それは正しい問いである．しかし，重要なことは，ここでは「なぜある刺激を好んでみるのか」ということはなんら問われていないという点だ．乳児研究では，2つの刺激の区別ができているか否かという点にのみ注意が払われる．選好注視はそのための道具にすぎないのである．

　好んで見るということは，たとえその理由が不明であっても，少なくとも乳児が2つの刺激を区別していることを意味する．普通の研究者であれば，「なぜ乳児はこのパタンを好んで見るのだろう」という問いに足をとられ，その先へ進めなかったかもしれない．選好注視法を考案したファンツが偉大だったのは，乳児の「好んで見る」という行動自体にこだわるのではなく，乳児の行動を一種の道具として用いようとした点である．乳児が示す選好注視行動を，一歩引いた形で眺めることによって，はじめて乳児の知覚過程を調べることが可能となったのである．

2　視力発達の根幹を示すもの

▶ どのくらい細かい縞が見えるのか——縞視力

　ファンツの初期の研究は，複雑なパタンを乳児が選好注視することを示した点で，いわば「道具」としての選好注視を明らかにした最初の研究であったといえる．では，その道具が最初に威力を発揮したのは，どのような課題についてだろうか．その事例を，乳児の視力測定の実験を眺めながら考えてみよう．

　みなさんの視力はどれぐらいだろうか．「視力（visual acuity）」は，ほとんど日常語になっており，この指標が表すものを誰しもが知っているように思われるかもしれない．しかし，「視力」とは，実際には，さまざまな刺激を用いて定義されるかなり専門的な心理物理学的指標である．一般には，ランドルト環と呼ばれる「C」の文字を利用し，Cの隙間の幅の大きさをもって視力を定

第1章 視　力

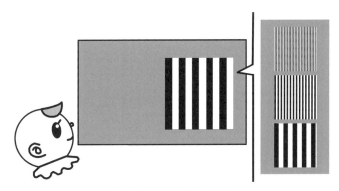

図1-3　乳児の縞視力の実験
中央にあるモニタのように，たとえば右側に縞パタン，左側に灰色の一様なパタンを対で呈示する．もし乳児が縞パタンを灰色と区別していれば，右側を注目するはずである．この縞パタンをどんどん細かくしていき，どこまで灰色と区別できるかで，視力を測る．

義する．このやり方でも基本的には問題はないが，より専門的には縞視力と呼ばれるものが用いられる．ここでは，どの程度細かい縞まで見ることができるか，ということが調べられる．

　縞の細かさは視力の指標となる．このことは，たいへん細かい縞を，遠くから眺めてみる場面を想像してもらえればわかるだろう．たとえば，白と黒の一定の幅のタテ縞を考えてみる．距離が離れれば，一定の視角あたりの縞の本数は増えていくだろう．どこかで視力の限界を超え，白と黒が混じりあって，灰色にしか見えなくなる．この「白と黒が混じって灰色になるときの縞の細かさ」こそがその人の「視力」ということになる．視角1度あたりに何本白黒の縞の組が入っているかという指標，すなわち空間周波数，cycle / degree（サイクル・パー・ディグリー，以降 c / deg）が用いられる．この縞パタンで調べる視力を「縞視力」と呼ぶ（図1-3）．

　一般に1歳以下の乳児の縞視力は，ほぼ「月齢＝c / deg」の公式があてはまる（Atkinson, 2000）．したがって，たとえば3ヶ月齢ではほぼ「3 c / deg」であり，6ヶ月齢ではほぼ「6 c / deg」である．これをランドルト環などで測定するいわゆる「小数視力」に変換すると，それぞれ「0.1」「0.2」となる．

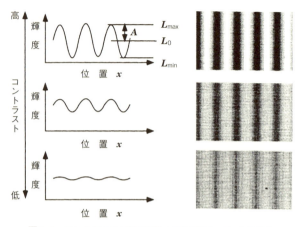

図1-4 コントラスト感度を調べる縞パタンコントラスト
最も明るい箇所をLmax，最も暗い箇所をLminとすると，(Lmax−Lmin)/(Lmax+Lmin)で定義される．この値をマイケルソン・コントラストと呼ぶ．コントラスト感度とは，縞パタンが知覚できる最も低いコントラストの値によって調べられるが，一般的にそのマイケルソン・コントラストの逆数によって表される．

▷ どのくらいはっきり見えるのか──コントラスト感度

　ここで，灰色の一様なパタンと，細かい白と黒の縞パタンを左右に配置し，どちらが縞パタンで，どちらが一様な灰色か，と乳児に問うような課題を考えてみる．実はこの課題は，前述の乳児の縞視力測定の実験場面に他ならない．
　さらに，この白と黒を少しずつ，灰色に近づけていく．つまり，白黒の縞パタンで測定される際の刺激は，いわば完全な白と完全な黒だが，この白と黒とも灰色に近づけるのである．少しずつ縞が「薄く」なり，100％コントラストの白黒から0％コントラストの灰色へと近づくことになる（図1-4）．白黒のまま，縞を細かくする操作と，縞の幅を一定のまま，灰色に近づける操作の，2通りのやり方で，一様な灰色との識別能力を検討することができる．このとき，横軸に縞の細かさ，つまりc/degをとり，縦軸にコントラスト，すなわち，縞パタンの白黒の「濃さ−薄さ」をとると，特定の縞の細かさに対する感度の関数を測定することができる．これをコントラスト感度関数（contrast sensitivity function：CSF）とよぶ．単に，100％コントラストの縞の細かさの限界

第1章 視　力

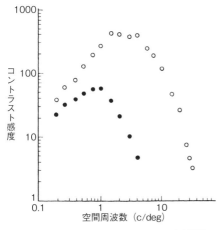

図 1-5　大人におけるコントラスト感度関数
(Campbell & Robson, 1968)

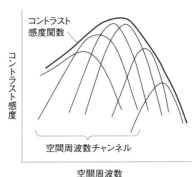

図 1-6　空間周波数チャンネルと視覚系全体の反応特性

1つのコントラスト感度の関数は，その背後にある複数の，特定の周波数（縞の細かさ）に選択的に反応する空間周波数チャンネル（検出器）が互いに働くことによって構成されると考えられている．ここでは6つの検出器が想定されており，それぞれ最も感度のよい周波数が異なっていることがわかる．

をもって「視力」とするのではなく，さまざまな縞の細かさに対する感度を総合的に測定することで，より正確な「視力」を測定することができる．

　大人を被験者にした研究では，すでにこの関数は詳細に検討されており（図1-5），平均輝度の設定などにより多少の違いはあるが，おおよそ 3-5 c / deg 周辺の縞パタンのとき，最も感度がよいことが知られている（Campbell & Robson, 1968）．これは，1％以下のコントラストでも灰色と縞パタンを区別できることを意味している．

　コントラスト感度については，1960年代にケンブリッジ大学のグループを中心にさまざまな検討がなされ，視覚系がさまざまな縞の細かさに対応した空間周波数別の検出器をもっていることや，それら検出器どうしは互いにある程度独立していることなどが明らかとなり（Campbell & Robson, 1968），視覚システムをフーリエ解析を用いて検討するさきがけとなってきた（図1-6）．この視覚モデルは，順応実験などにより示されてきたが（Blakemore & Campbell, 1969），その詳細は他の専門書に譲ることとする．

9

3　コントラスト感度の発達

▶ より洗練された視力測定法——強制選択選好注視法

　では，乳児における視力やより詳細なコントラスト感度は，どのように測定することができるのだろうか．

　乳児は，一様なパタンよりも，縞パタンなど，コントラストのはっきりとした複雑なパタンのほうを好んで見る．このことは1960年代から70年代にかけて，すでにファンツが示したことであった．このファンツの方法論をシステム化したD. Y. テラーの「強制選択選好注視法」を用い（Teller, 1979），はじめて乳児のコントラスト感度関数（CSF）を測定したのが，当時ケンブリッジ大学のグループに属していたJ. アトキンソンであった（Atkinson et al., 1974）．アトキンソンは，一様なパタンとさまざまな細かさの縞パタンを，生まれた（産んだ）ばかりの自分の娘を被験者として，おおよそ2ヶ月齢におけるコントラスト感度を詳細に検討したのである．

　刺激は，三角関数に基づいた縞パタンを使い，毎秒4.5度の速度で移動させるものと，止まっているが平均輝度を一定にしたまま1.5 Hzでオンオフを繰りかえすものの，2種類を用意した．この縞パタンの白と黒のコントラストをさまざまに変えた刺激を用意し，灰色のパタンと対で呈示した．そして，ターゲットの縞パタンへの70％注視をもって，周波数別のコントラストの閾値を測定したのである．

　このデータは2ヶ月齢のみを対象としたもので，後に詳しく発達過程を述べるが，生後5，6ヶ月ごろにむけてコントラスト感度が発達していく（Harris et al., 1976）．すなわち，2ヶ月齢のデータは限定的なものであるが，①乳児も大人もほぼ4 c / deg周辺から急速に感度が落ち，②低周波領域において感度の上昇があること，さらには，③おおよそ2ヶ月齢の乳児のコントラスト感度が20分の1以下であることを指摘した点など，これまで知られていなかった，乳児の基本的な視覚特性を明らかにした価値ある研究である．

第1章 視　力

　注目すべきこととして，アトキンソンとほぼ同時期に，現在は立体視のモデル研究などで活躍している M. バンクスによっても，同様の研究がなされていることである（Banks & Salapatek, 1976）．バンクスは，アトキンソンとは異なり，静止した縞パタンを用いて，やはり2ヶ月齢の乳児を対象にコントラスト感度を測定した．その結果は，低周波領域での感度低下を確認するなど，先行研究の結果を再確認するものであった．これらの結果をベースに，アトキンソンとバンクスの両グループは，刺激やその呈示法が異なっているにもかかわらず，おおよそ1ヶ月齢から3ヶ月齢にかけてコントラスト感度曲線の形が質的に変化する，との考え方を確立する一連の研究を発表している（Atkinson, et al., 1977a, 1977b, 1979 ; Banks & Salapatek, 1978）．

▶ **質的な発達のゴール──生後6ヶ月**

　空間周波数別のコントラスト感度関数（CSF）における3ヶ月以降の感度の発達を検討してみると，生後3ヶ月から6ヶ月ごろにむけて，コントラスト感度関数の形はさらに右側にシフトし，生後6ヶ月ごろには，コントラスト感度関数のピークである最も感度のよい周波数が，大人と同じ 4-5 c / deg 周辺に達することが明らかになった（Pirchio et al., 1978）．彼らは，従来のやり方とは少し異なり，刺激の縞パタンのコントラストを固定し，視覚誘発電位（VEP）反応（視覚刺激に対する脳活動の反応潜時や大きさを調べるもの）の振幅の大きさを指標として，さまざまな空間周波数パタンへの感度を測定した．そして対象月齢も少し広げ，2ヶ月半齢，3ヶ月半齢，6ヶ月齢，そして大人の4カテゴリの被験者を対象に，同じ手続きでコントラスト感度関数を求めた．その結果が，図1-7である．

　図1-7のグラフにおいても，アトキンソンやバンクスなどの先行研究で確認された低空間周波数領域での感度上昇が，2ヶ月半齢にあることが見てとれる．興味深いのはその後の発達である．3ヶ月半，6ヶ月と月齢を重ねるごとに，最大感度の周波数，つまりコントラスト感度関数の頂点が右に移動し，かつ全体の感度が上昇するため，曲線の位置も上昇している．そして6ヶ月齢になる

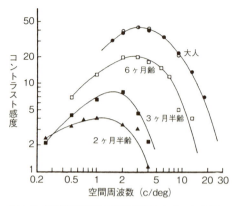

図1-7 視覚誘発電位反応を指標としたコントラスト感度関数の発達 (Pirchio et al., 1978)

と，乳児の曲線の頂点は大人の曲線の頂点と，横軸での値が同じになる．つまり，6ヶ月齢になると最大感度が大人と同じになるのである．その後の発達は，この曲線全体が真上に上昇していくだけとなる．視覚特性の基本をなすコントラスト感度関数に関していえば，ある種の「質的」な発達が生後6ヶ月までに完成し，あとは量的な発達のみが残される，というような言い方もできる．

同様のことは，周波数別に1歳齢までの縞パタンのコントラスト感度関数を，視覚誘発電位を用いて詳細に検討したA. M.ノルシアらの研究によっても，別の角度から確認されている（Norcia, Tyler, & Hamer, 1990）．それによると，0.5 c / deg程度までの低空間周波数パタン（太い縞パタン）への感度は，主に生後10週までに急速に発達しその後変化しないが，2-4 c / degの比較的高い周波数パタン（細かい縞パタン）への感度は，生後5，6ヶ月にかけて持続的に発達していく．この結果は，生後3ヶ月以降の乳児のコントラスト感度関数の発達の姿をよく表していると言える．

▶ コントラスト感度の発達モデル

コントラスト感度の発達からいうと，1つのゴールが生後6ヶ月で，この時期，一番見やすい白黒コントラストの条件が大人と同じになっていく．では，生後1ヶ月から3ヶ月へ，あるいは3ヶ月から6ヶ月へと，視覚系のどのような能力が発達しているのだろうか．あるいは，生後6ヶ月へむけたコントラスト感度の発達にはどのようなメカニズムがあり，どのような視覚モデルで説明できるだろうか．

第1章 視　力

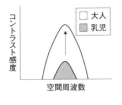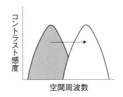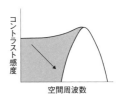

　A　感受性の増加　　　B　空間周波数域の変化　　　C　抑制の発達

図 1-8　コントラスト感度の発達を説明する3通りの仮説
A，B，Cそれぞれは，お互いに排他的ではない．

　生後6ヶ月には，より細かい縞の処理が可能となり，見やすいコントラスト条件が，はっきりした高コントラストから中程度のコントラストへと，大人と同じようになっていく．この2つの傾向を示すコントラスト感度の発達の説明としては，周波数チャンネルごとの検出メカニズムの発達によるという説がある．すなわち，縞の細かさの違いによって，その受け取りを担当する検出器の発達が異なるというのである．H. R. ウィルソン（Wilson, 1988）によれば，乳児の空間周波数別のコントラスト検出器（各チャンネル）の発達には，3つのモデルがありうるという（図1-8）．1つめはコントラスト感度が，検出できる周波数を維持しながら上昇するというもの，2つめはコントラスト感度を維持しながら検出できる周波数が高くなる（より細かい縞の処理が可能となっていく）というもの，そして3つめは低空間周波数領域でのカットオフが生じる，つまり低い空間周波数（太い縞）では反応しなくなる，というものである．この3つめは，低空間周波数に対する反応の抑制が発達することによって可能となる．

　もちろん，これらの各発達は相互に排他的なものではなく，そのいずれもが同時に起こっているものと考えられる．たとえば，おおよそ2ヶ月齢から大人へのコントラスト感度の発達を簡略化したものが，図1-9であるが，この発達過程を，1つめの「コントラスト感度の上昇」により説明すれば，乳児においては高空間周波数（細かい縞）の感度が悪く，この領域での感度が改善されることによりコントラスト感度関数（CSF）の形が大人に近づいていくと説明される．また，2つめの「空間周波数が上がる」というモデルでは，コントラスト感度関数全体が右側に，すなわちより細かい縞の処理へとシフトすることに

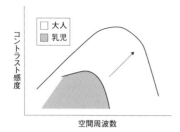

図1-9 コントラスト感度の発達の概念図

よりコントラスト感度関数の発達の説明がなされる．おそらく，これらの発達が組み合わさることで，周波数別のコントラスト感度が発達していくものと考えられる．しかし，ウィルソン（Wilson, 1988）が重視しているのは3つめの発達，すなわち，各周波数チャンネルにおける，低空間周波数（太い縞）への抑制の発達である．

この抑制の発達は，非常に基礎的な問題であるところの受容野の側抑制の発達として考えることができる．たとえば新生児においては，この抑制システムが発達しておらず，受容野も広く緩やかで選択性がない（図1-10）．このような応答性をもつ受容野が並んだ視覚系では，単一の空間周波数チャンネルについて考えたとき，右側のように特定の周波数に選択がなくしかも低空間周波数域に偏るローパス型の反応となる．一方，たとえば発達の進んだ6ヶ月や8ヶ月齢の乳児では，受容野が空間的に選択性をもつことで，視野全体に生じる特定の細かさの空間周波数パタンに対し，選択的に反応できるようになる．こうして，すべてに均等に反応することを「抑制」することによって特定の周波数のみに反応する「選択性の発達」が生じる．これをきっかけとして，各チャンネルがローパス型から特定周波数に選択性のあるバンドパス型になり，その表れとして，空間周波数ごとのコントラスト感度関数が，M.ピルッキロらの研究（Pirchio et al., 1978）にみられるように，右上へと上昇し，しかも最も敏感な周波数が，大人と一致するように発達していくと考えられるのである．

「赤ちゃんの視力」とひとことで言ったとしても，このように空間周波数ごとのコントラスト感度が大人と異なっているため，正確に言えば「赤ちゃんの世界はぼやけている」という単純なことではないのである．ぼやけているだけでなく，6ヶ月齢以下では「薄く」なっている（コントラスト感度が悪い）のである．逆に言えば，はっきりとした白黒のコントラストであれば見えるということになる．しばしば乳児は水玉模様や縞模様などを好んで見ることが報告さ

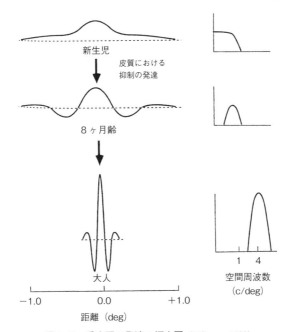

図1-10 受容野の発達の概念図（Wilson, 1988）
左側が，特定の位置の入力に対する受容器の反応，右側がそのコントラスト感度関数．

れるが，その背後には，このような「コントラスト感度の悪さ」があると思われる．

4 抑制システムの発達

▶ 低空間周波数領域への抑制

先に説明したように，乳児の縞視力の発達をベースとしたコントラスト感度の発達は，主に抑制システムの発達として考えることができる．この仮説を支持するいくつかの実験があるが，その中でも空間周波数チャンネルがローパス型からバンドパス型へと発達することを調べたのが，バンクスら（Banks *et al.*, 1985）のマスキング実験である．彼らは，特定の空間周波数の縞パタンに，さまざまな周波数の縞パタンを，いわばマスク・ノイズとして重ね合わせた．

そしてこのノイズにより，どのくらいもとのターゲットとなる縞パタンの検出が悪くなるかを検討したのである．このマスキングの実験パラダイムは，大人を対象とした実験では一般的である．バンクスらは，縞パタンとその背景にある灰色パタン全体にマスクの縞パタンを重ね，縞パタンへの選好注視を測定した．そして，マスクのコントラストは一定にしたまま，ターゲットのコントラストを変化させ，選好が70％を超すコントラストの値を，縞パタンの検出限界である「閾値」と決定した．

対象となった乳児は，抑制システムが発達していないと考えられる1ヶ月半齢の乳児と，発達していると思われる3ヶ月齢の乳児であった．実験では，それぞれの月齢において，最も感度がよいと思われる空間周波数をもとに，その周波数fの2倍と4倍のものの3種類の刺激を用意した（1ヶ月半：0.3, 0.6, 1.2c/deg, 3ヶ月齢：0.5, 1, 2c/deg）．

問題は，ターゲットの縞パタンの空間周波数と，マスクの縞パタン空間周波数の組みあわせである．マスクに用いる刺激は，ホワイトノイズを周波数fでバンドパスをかけたパタンを常に用いた（図1-11）．この中心の周波数がfのマスクを，f, 2f, 4fの3つのパタンに重ねあわせ，縞パタンへの選好注視を測定したのである．繰り返しになるが，縞パタンの背景は縞パタンと平均輝度が同じとなる灰色の一様なパタンで，この背景である灰色のパタンの上にもマスクパタンを重ねあわせている．

こうして，マスクがないときとあるときの閾値を比較するのであるが，ポイントは4fの縞パタンに対するマスクの影響である．仮に4fの周波数を検出する空間周波数チャンネルがあるとして，その検出器において，低空間周波数領域への抑制が発達しているならば，マスクが重なっていたとしても縞パタンの4fとマスクのfを適切に識別し，低いコントラストであっても縞パタンへの選好が維持されるはずである．しかし，チャンネルの形が，先のウィルソンのモデルにあるように，低空間周波数に偏るローパス型をしているならば，縞パタンの4fはより低い周波数であるfによってマスクされてしまう．そのため，4fへの選好を維持するにはコントラストを高くして見やすくする必要が

あるのだ．この仮説に基づき，1ヶ月半齢と3ヶ月齢での，3つの周波数の縞パタンのコントラスト閾値を，マスクありとなしの条件で比較した．

その結果，仮説どおり，1ヶ月半齢の乳児では4f（1.2c/deg）の縞パタンにf（0.3c/deg）のマスクが重なると閾値はとたんに悪くなるが，3ヶ月齢では4f（2c/deg）の縞パタンにf（0.5c/deg）のマスクが重

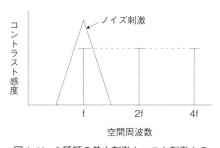

図1-11　3種類の基本刺激とマスク刺激との周波数の関係（Banks et al., 1985）
各乳児において，最も感度の高い周波数fを用い，その2倍と4倍の周波数の縞パタンを用意する．この3つの刺激に，fを中心とし，少し幅をもった周波数を含むノイズ刺激を重ね，マスクの効果を検討する．

なってもほとんど影響がなかった．つまり，1ヶ月半齢では空間周波数チャンネルがローパス型であり，3ヶ月齢では特定周波数に選択性のあるバンドパス型であることが示唆されたのである．これはウィルソン（Wilson, 1988）が述べていたCタイプ（図1-8参照）の発達が，1ヶ月半齢から3ヶ月齢にかけておこっていることを意味する．

▶ 方向選択性のための抑制

少し刺激のタイプは異なるが，似たようにマスキングを用いて傾きの識別，すなわち方向選択性の発達を，M.C.モローンとD.C.バー（Morrone & Burr, 1986）が調べている．選好注視してほしい縞パタンに平行あるいは垂直な縞パタンを重ねることによってマスクした．対象は3ヶ月半齢と9ヶ月齢の乳児で，視覚誘発電位（VEP）を用いて平行なマスクと垂直なマスクの効果を比較したのである．その結果，3ヶ月半齢では，大人とは異なり，平行なマスクも垂直なマスクもほぼ同じ効果をもつことが明らかとなった．この結果は，3ヶ月半齢では，皮質上の一次視覚野（V1）にあるとされる傾きを識別する検出器が，特定の方向に選択的に反応するための抑制性の結合を発達させていない可能性を示唆している．

▷ 両眼間の抑制

　同じ抑制の発達は両眼視の発達にもみることができる．それはいわゆる両眼視野闘争にあらわれる．左右の眼にまったく異なる映像を入力すると，競合しあって左右の眼の映像が交互に見える．通常奥行きのある空間世界を見るとき，左右の眼にはほんの少しだけ違う映像が入り融合される（第8章を参照のこと）．ところがまったく相関のない映像が左右の眼に入ると，融合されることなく競合するというのが，両眼視野闘争である．両眼視野闘争は両眼融合のメカニズムについて示唆を与える重要な現象であり，両眼間の抑制を示すものである．この両眼視野闘争が3ヶ月半齢未満の乳児ではおこっていないことを示した研究もある（Shimojo et al., 1986）．驚くべきことに，生後3ヶ月ごろまでの乳児は，両眼間の抑制がよく発達していないため，通常大人であれば両眼で排除しあうような視覚パタンが，重なりあって同時に見えているらしい．このことを，水平な線と垂直な線を両眼に別々に呈示することで示したのである．

　この結果は，両眼立体視の発達データとも整合的なものである．たとえば，視差を45分に固定し，選好注視法を用いて両眼立体視を検討したE. E. バーチら（Birch et al., 1985）によれば，視差への感受性を示した被験者の割合は，2-3ヶ月齢の乳児では約3割であったのだが，4ヶ月齢を超えると8割に跳ね上がった．さらに重要なことは，これらは被験者グループを平均しているので，その発達曲線は緩やかになっているのだが，個々の被験者を見ると，立体視への感受性は生後4ヶ月ごろに，もっと急激かつ突然に発達することがわかっている（Birch, 1993）．つまり，両眼間の抑制が，生後4ヶ月ごろに急速に発達するのである．さらに，抑制システムの発達が必要な他の例として，位相の異なった縞パタンの識別が2，3ヶ月ごろに発達することを示した研究などもある（Bradick, Atkinson, & Wattam-Bell, 1986）．

　これらすべての研究は，レベルの違いはあるにせよ，すべて「抑制の発達」というキーワードでくくることができる（Wilson, 1988）．空間周波数チャンネルにおける，低空間周波数領域への抑制は，おそらく傾きの識別や両眼間の抑

制よりも，若干早く発達すると考えられる．そのスタートは生後2ヶ月ごろであり，その後，6ヶ月，8ヶ月と徐々にさまざまな抑制系が発達していくと考えることができる．こうした発達を通じて，いわば静止しているものを細かく見る総合的な能力，つまり「視力」が発達していくのである．

引用文献

Atkinson, J. (2000). *Developing Visual Brain*. Oxford University Press.（アトキンソン, J. 金沢創・山口真美（監訳）(2005). 視覚脳が生まれる　北大路書房.）

Atkinson, J., Braddick, O., & Braddick, F. (1974). Acuity and contrast sensitivity of infant vision. *Nature*, 247, 403-404.

Atkinson, J., Braddick, O., & Moar, K. (1977a). Development of contrast sensitivity over the first 3 months of life in the human infant. *Vision Research*, 17 (9), 1037-1044.

Atkinson, J., Braddick, O., & Moar, K. (1977b). Contrast sensitivity of the human infant for moving and static patterns. *Vision Research*, 17 (9), 1045-1047.

Banks, M. S., & Salapatek, P. (1976). Contrast sensitivity function of the infant visual system. *Vision Research*, 16 (8), 867-869.

Banks, M. S., & Salapatek, P. (1978). Acuity and contrast sensitivity in 1-, 2-, and 3-month-old human infants. *Investigative Ophthalmology & Visual Science*, 17, 361-365.

Banks, M. S., Stephens, B. R., & Hartmann, E. E. (1985). The development of basic mechanisms of pattern vision : spatial frequency channels. *Journal of Experimental Child Psychology*, 40, 501-527.

Birch, E. E. (1993). Stereopsis in infants and its developmental relation to visual acuity. In K. Simons (Eds.), *Early Visual Development, Normal and Abnormal*. Oxford University Press.

Birch, E. E., Shimojo, S., & Held, R. (1985). Preferential-looking assessment of fusion and stereopsis in infants aged 1-6 months. *Investigative Ophthalmology & Visual Science*, 26, 366-370.

Blakemore, C., & Campbell, F. W. (1969). On the existence of neurones in the human visual system selectively sensitive to the orientation and size of retinal images. *Journal of Physiology*, 203 (1), 237-260.

Braddick, O. J., Atkinson, J., & Wattam-Bell, J. R. (1986). Development of the discrimination of spatial phase in infancy. *Vision Research*, 26 (8), 1223-1239.

Campbell, F. W., & Robson, J. G. (1968). Application of Fourier analysis to the visibility of gratings. *Journal of Physiology*, 197, 551-566.

Caron, R. F., & Caron, A. J. (1968). The effect of repeated exposure and stimulus complexity on visual fixation in infants. *Psychonomic Science*, 10, 207-208.

Fantz, R. L. (1958). Pattern vision in young infants. *Psychological Record*, **8**, 43-47.
Fantz, R. L. (1961). The origin of form perception. *Scientific American*, **204**, 66-72.
Fantz, R. L. (1963). Pattern vision in newborn infants. *Science*, **140**, 296-297.
Fantz, R. L. (1964). Visual experience in infants : decreased attention to familiar patterns relative to novel one. *Science*, **146**, 668-670.
Fantz, R. L., & Yeh, J. (1979). Configuration selectivities : critical for visual perception and attention. *Canadian Journal of Psychology*, **33**, 277-287.
Harris, L., Atkinson, J., & Braddick, O. (1976). Visual contrast sensitivity of a 6-month-old infant measured by the evoked potential. *Nature*, **264**, 570-571.
Morrone, M. C., & Burr, D. C. (1986). Evidence for the existence and development of visual inhibition in humans. *Nature*, **321**, 235-237.
Norcia, A. M., Tyler, C. W., & Hamer, R. D. (1990). Development of contrast sensitivity in the human infant. *Vision Research*, **30**, 1475-1486.
Pirchio, M., Spinelli, D., Fiorentini, A., & Maffei, L. (1978). Infant contrast sensitivity evaluated by evoked potentials. *Brain Research*, **141** (1), 179-184.
Shimojo, S., Bauer, J. Jr., O'Connell, K. M., & Held, R. (1986). Pre-stereoptic binocular vision in infants. *Vision Research*, **26** (3), 501-510.
Teller, D. Y. (1979). The forced-choice preferential looking procedure : A psychophysical technique for use with human infants. *Infant Behavior & Development*, **2**, 135-158.
Wilson, H. R. (1988). Development of spatiotemporal mechanisms in infant vision. *Vision Research*, **28** (5), 611-628.

第2章 脳の発達と障害

1 視覚を支えるハードウェアの発達

　視力やコントラスト感度関数（CSF）など，さまざまな基礎的な視覚を支えるハードウェアは，どのような発達過程をたどるのであろうか．視覚系のハードウェアの発達としては，主に2つのものがある．それは網膜と脳の皮質である．主に解剖学的なデータに基づく研究をごく簡単に紹介しながら，視覚系のハードウェアの発達を概観してみよう．

▷ 網膜の発達

　あまり知られていないことだが，新生児の網膜は，たとえば5度を超えた周辺部はよく発達しているものの（Abramov et al., 1982），中心部においては光を受け取る錐体細胞の密度も低い．5日齢，15ヶ月齢，45ヶ月齢，37歳の網膜を解剖学的に比較検討した研究によれば（Hendrickson & Yuodelis, 1984 ; Yuodelis & Hendrickson, 1986），新生児の段階では明確な中心窩が存在せず，錐体細胞の密度は，データをもとに計算すると，新生児から大人になるとおおよそ4.64倍になるという（Wilson, 1988）．複数の研究（Yuodelis & Hendrickson, 1986 ; Larsen, 1971）をもとに，H. R. ウィルソン（Wilson, 1988）がまとめた表2-1を載せておく．また，この表2-1には，ウィルソンが計算した錐体細胞の密度に基づく網膜レベルでの理論的な視力（分解能）も計算してある．

　明確な中心窩を形成するには，大きく2つの発達が必要であるという（Yuodelis & Hendrickson, 1986）．1つは，神経節細胞の層が外側へ移動することであり，もう1つは錐体細胞の周辺から中心への移動である．この2つの細胞移動に加え，錐体細胞の外側節（outer segment）が伸びることで，錐体細胞

表 2-1　網膜における錐体細胞の密度の発達 (Wilson, 1988)

年齢	250μごとの錐体細胞の密度	中心窩の錐体どうしの間隔 (1/60度)	計算された分解能 (視力) (c / deg)
5 日	32.0	2.18	6.70
15 ヶ月	47.0	1.19	13.64
45 ヶ月	78.0	0.70	23.39
37 歳	107.0	0.47	35.20

自体が成長するという要因も加わる．こうした，細胞の移動を伴う網膜の形態学的な変化が，視力の発達などの大きな制約条件となっていることは注目すべきことである．

▷ 脳の発達

もう1つ，ハードウェアの発達としては，脳の発達があげられる．P. R. ハッテンロッチャーらの一連の研究により，乳児の脳細胞の数やシナプスの量などの発達的な変化が，「シナプス発生論 (synaptogenesis)」というキーワードのもと，視覚野，聴覚野，前頭葉などのさまざまな領野で比較検討されたり (Huttenlocher & Dabholkar, 1997)，視覚野のコラムの層別に検討されたりしている (Huttenlocher & de Courten, 1987)．

その最初の研究 (Huttenlocher et al., 1982) は，幼くして亡くなった，すなわち発達途上で不幸にも途中死した乳児の脳を用い，視覚野17野の鳥距溝に沿った領域で切片を作成し，包埋し染色した後，電子顕微鏡画像を撮影した．この画像からコンピュータを使ってシナプスとニューロンの個数とx，y座標が記録された．こうして部分的な切片のデータから推定された，17野全体のニューロン体積とシナプスの数をグラフにしたものが図2-1である．

図2-1からわかるように，生後2ヶ月から4ヶ月へとニューロンの量，シナプス密度ともに急速に上昇し，ニューロンの量（体積）は4ヶ月齢で大人と同じレベルになる．続いてシナプス密度は8ヶ月齢で最大となり，その後ニューロンの量は一定であるが，シナプス密度は1歳をすぎると徐々に減少し，11歳ごろほぼ大人と同じ量になる．この大人のシナプス密度は，最大値の約60

第 2 章 脳の発達と障害

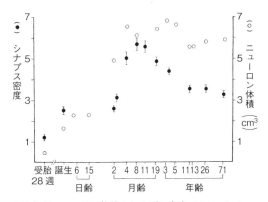

図 2-1　17 野全体のニューロン体積とシナプス密度 (Huttenlocher et al., 1982)

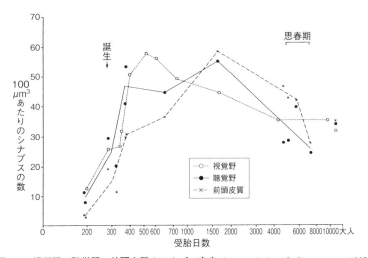

図 2-2　視覚野・聴覚野・前頭皮質のシナプス密度 (Huttenlocher & de Courten, 1987)

％である．

　視覚野の発達と他の領野とを比べると興味深いことに，前頭葉ではシナプス密度が最大となる年齢が視覚野と比べてずっと遅れ，そのピークは 3 歳半ごろとなる．また聴覚野でも，視覚野ほどの急峻なシナプス増加と減少はみせないことも知られている（Huttenlocher & de Courten, 1987：図 2-2 参照）．これらの違いは，視覚発達や言語の発達，あるいは注意の発達などとの関連を考えると

興味深い問題であるが，ここでは視覚野にのみ話を限ることにする．

ウィルソン（Wilson, 1988）は，このシナプスの増加こそ，抑制系の発達を支えるベースであると主張する．つまり，生後3ヶ月から4ヶ月ごろのシナプスの増加が，空間周波数チャンネルの型の変化，傾き知覚のマスキング，両眼視野闘争，などなどを可能にしているのではないかというのである．また，両眼立体視が生後4ヶ月ごろに成立することも無関係ではないだろう．

2　動きの知覚の障害

▶ 視覚脳は2つの経路にわかれる——背側系と腹側系

さて視力を超えた知覚としては，おおまかにいえば運動視と形態視の2つを考えることができる．その知覚発達に関する詳細なデータは第5章と第7章に譲るが，ここではより高次な知覚を支える脳の発達についてごく簡単に触れ，発達障害との関連を短く検討してみよう．

運動視（動きを見る能力）と形態視（形を見る能力）を比較すると，運動視が先に発達することが知られている．そもそも形態情報を取り去って動きだけを情報として取りあげるのは難しく，形のないドットだけで動きが見えることを調べる，ランダムドットを使った実験が行われている．この極めて単純なランダムドットと複雑な形の知覚とを直接比較できるかといえば，その情報量からしてフェアかどうかの疑問は残る．しかし少なくとも，主観的輪郭といった形態情報の知覚（詳しくは第7章を参照のこと）が運動を加えることで促進されるという数多くの知見（Kellman & Spelke, 1983 ; Craton, 1996 ; Otsuka & Yamaguchi, 2003）を考えるのであれば，運動情報のほうが形態情報よりも乳児にとって知覚しやすいということは言えるだろう．

おおまかに分けると，運動情報は後頭葉から頭頂葉へとむかう背側系によって処理され，形態情報は側頭葉へとむかう腹側系（ventral stream）で処理されていると考えられている（Milner & Goodale, 1995）．背側系（dorsal stream）は，運動情報の中でも，特に空間や奥行きなどの情報を身体運動と結びつける

ことを専門に処理していると考えられており，この背側系が何らかの形で障害されると，階段の上り下りができない，時計の針の位置関係がわからない，見慣れた場所の左右がわからない，など空間や位置にかかわる認知が障害される．

▶「背側系の脆弱性」仮説——ウィリアムズ症候群とポスティング課題

ポストに葉書を入れるという極めて単純な動作を利用することによって，空間的な位置と手の運動とを適切に結びつけられるかどうかを調べることができる．そしてこれが背側系が障害されている人には，難しいということが知られている．ポスティング課題とは，さまざまな角度に設定されたポストの口に，適切に紙を入れるという動作ができるかを試すものだ．この簡単な課題を適切にこなすためには，一連の動作と，目で見た情報との連動，すなわち視覚と運動の調整が必要になる．こうした視覚と運動の共同作業には，背側系が関係すると考えられているのだ．さらに紙とポストというまったく同じ道具を使って，視覚と運動の連携を必要としない課題も考えられている．マネキンの手に紙をもたせ，マネキンの手を傾けることで郵便箱の口の角度と一致させる「マッチング課題」である．この視覚運動の連携が必要なポスティング課題と連携の不要なマッチング課題間の成績が比較されている．その結果が図2-3である．一目でわかるように，ウィリアムズ症候群（Williams syndrome）の人たちは，比較対象となったコントロール群に比べ，ポスティング課題だけが苦手であった．その傾向は，特に年齢が低いときに顕著なようである．

多くの発達障害児の知覚認知能力を調べてきたJ.アトキンソンによれば，この「ポスティング課題（mail-box task）」などを含むさまざまな空間認知にかかわる課題を，いわゆるウィリアムズ症候群の子どもたちに行わせると，その流暢な言語的能力や社会性とはうらはらに，困難を示すらしい（Atkinson et al., 1997）．ウィリアムズ症候群とは，第7染色体の欠損に関係する発達障害で，社交的で言語表現力はある一方，空間認知がよくないことが多くの研究により知られている（Atkinson et al., 2001 ; Bellugi et al., 1999 ; Bellugi et al., 1988 ; Klein & Mervis, 1999）．その一方で，顔認知が得意であるなど（Bellugi et al.,

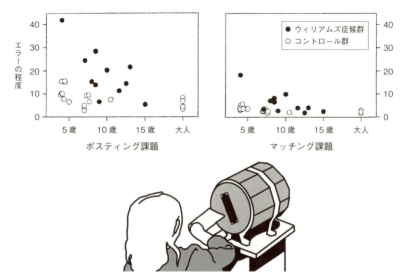

図 2-3 健常なコントロール群とウィリアムズ症候群のポスティング課題とマッチング課題の成績

1990),形態情報の処理には優れているという報告もある．これらの事実からO. ブラディックらは，「背側系の脆弱性（dorsal stream vulnerability）」というキャッチフレーズを作り，背側系の発達は初期においてより脆弱（vulnerable）なのではないかとの仮説を呈示している（Braddick et al., 2003）．

　この仮説は，ウィリアムズ症候群以外の他の発達障害児でも似たように運動視に障害をもつとの報告により支持されている．たとえば，重いてんかんなどの治療のために大脳半球を切除された子どもたちでは，IQ が同等の健常児に比べ，相対的な運動方向を検出する大域的な運動の知覚が有意に悪かったり（Gunn et al., 2002），自閉症児においても，運動視が形態視に比べ障害されていることが示されたり（Spencer et al., 2000），さらにはディスレクシア（失読症）の子どもたちにおいても，形の知覚よりも運動視の閾値が悪い，すなわち運動が検出しにくいことが明らかになっているなど（Cornelissen et al., 1995；Hansen et al., 2001；Ridder et al., 2001），多くの事実がこの仮説を支持する結果を報告している．

第 2 章　脳の発達と障害

▶「マグノ系に特定した障害」仮説——ディスレクシアと運動透明視

　ディスレクシア（dyslexia：失読症，読書障害）とは，年齢や教育程度から期待される読みの正確さと理解が有意に障害されており，その原因が，感覚と神経の障害ではない人のことを指す（Shaywitz *et al.*, 1990）．ちなみに，アメリカでは，映画俳優のトム・クルーズが，自らがディスレクシアであることを告白し，一般的によく知られた障害となっている．

　ディスレクシアの原因としては，基本的には，音声知覚などの言語的能力に起因するとする考え方が主流である（Stanovich & Siegel, 1994）が，運動視を中心にした視覚関連の能力の障害であるとの考えも長い間議論されてきた（Farmer & Klein, 1995 ; Skottun, 2000 のレビューを参照のこと）．後者の考えは，「マグノ系（magnocellular pathway）に特定した障害」のキーワードで，行動指標に基づいた研究（Cornelissen *et al.*, 1995 ; Everatt *et al.*, 1999 ; Raymond & Sorensen, 1998 ; Talcott *et al.*, 2000）や，あるいは MRI などの脳画像（Eden *et al.*, 1996）から，運動視の障害が症状に強く関係していることが示されてきた．

　網膜の神経節細胞から LGN（外側膝状体）を経由し一次視覚野にわたる経路は，処理の早いマグノ系と細かい情報を伝達する処理の遅いパーボ系に分けられ，動きや奥行きの情報は主としてマグノ系の信号に基づき，明るさや色，線の傾きの方向や線の長さの情報も主としてパーボ系の信号に基づくことが知られている．

　この「マグノ系に特定した障害」仮説は，基本的には，先のブラディックらの「背側系の脆弱性」という仮説と，障害の種類が異なるとはいえ，いずれも運動にかかわる背側系をベースとする運動視の障害であるとする点で共通の考え方であるといえる．しかし近年，たとえばこのディスレクシアにおいては，運動視の中でもより高次な能力が選択的に障害されていることによるのではないか，との観点からもデータが呈示されている．

　たとえば G. T. ヒルと J. E. レイモンド（Hill & Raymond, 2002）は，ディスレクシアと健常者の運動視を，運動透明視（motion transparency）を用いて比較している．運動透明視とは静止した状態で見ると単なるドットの集合体で，

ドットを動かすことによって，重なった2つの面が知覚される動画像のことである．これにより純粋に動きだけから，2つの面を同時に知覚できるかを調べることができる．実験ではこの運動透明視と，一方向だけに動く2つの刺激を用意して，どこまでノイズを加えても見えるかの閾値を検討した．あちこちランダムに動くノイズがどれくらい混ざっても運動方向が検出できるか，その精度を比べたのである．その結果，ディスレクシア群は，一方向にだけ動く閾値については，健常者群と変わらなかったが，運動透明視の閾値については，有意に悪いという結果が得られた．

▷「注意の障害」仮説——ディスレクシアと「情報の制限」

ヒルとレイモンドはこの結果を，ディスレクシアは2つの動きに同時に注意を払うことができなかったと解釈した．運動透明視というパタンは，2つの重なった動きのうち，一方にのみ注目したときと，2つの動きを同時に見たときでは，その見え方が異なることが知られている．たとえば2つの動きのうち，一方にのみ注目させると，もう1つの動きの知覚が阻害されたり（Valdes-Sosa et al., 1998, 2000），立体感が失われる（Valdes-Sosa et al., 1998）．あるいは，2つの動きを同時に見ているときには起こらない運動残効が起こり，運動透明視を見た後に静止画像を見ると動いて見えるのである（Lankheet & Verstraten, 1995 ; Raymond et al., 1998）．つまり，ディスレクシアの人には，なんらかの注意の障害があり，2つの動きが同時には見えず，1つの動きだけに注目しているという可能性が考えられるのである．実際，運動透明視を見たディスレクシアの被験者は，運動透明視に立体感を感じないなどの報告を行っていたという（Hill & Raymond, 2002）．

この「注意の障害」という仮説は，いくつかの注意の課題においても見いだされている．1つ目は注意の瞬き（attention blink）で，短時間に同じ位置に刺激を2度呈示すると，2つ目の刺激の正答率が阻害される課題があるのだが，ディスレクシアにおいてはこの注意の瞬きが健常者に比べ，30%も長いというデータがあり（Hari et al., 1999），同様の延長は頭頂葉障害の患者でも観察さ

れるという (Husain et al., 1997). もう1つが, 結合探索 (conjunction search) で, 複数の属性に基づきターゲットを探すという課題である. この視覚探索課題における結合探索についても, ディスレクシア (Vidyasagar & Pammer, 1999 ; Iles et al., 2000) と頭頂葉障害患者 (Cohen & Rafal, 1991 ; Friedman-Hill et al., 1995) において悪くなるという報告もある.

以上のデータから, ディスレクシアでは, 背側系を中心とするなんらかの頭頂葉の障害が原因となって, 注意の障害がおき, より高次で複雑な運動情報を統合できない状態にあるとの説明が考えられている. ディスレクシアの患者において, 色つきの透明なシートを文章にかぶせたり, 色つきレンズのめがねをかけると, 不思議なことに読書成績が向上するということが経験的に知られており, こうしたシートも, なんらかの「情報の制限」と関係しているのかもしれない. いずれにせよ, この障害を, 単純に言語と結びつけるのではなく, 運動視や眼球運動といった知覚的な能力との関連を調べていくことは, 今後も必要であると思われる.

3 高次の知覚の障害という可能性

▷ 自閉症の要因

自閉症についても同じことがあてはまる可能性が, 最近になって指摘されている. 近年になり, 自閉症が遺伝的な要因による脳機能障害であることはよく知られるようになったが, かつては親の養育に原因を求める考え方があった. この考え方の背後には, 高機能自閉症児がしばしばもつ高度な知的能力と, それとは裏腹の社会的能力の低さをあげることができる. 他者とのやりとりがうまくできないことの原因を, 社会的能力を構成しているさまざまな下位能力に求めることは, ごく自然な発想であった.

その代表的なものが, いわゆる「自閉症児は『心の理論』をもたない」とする仮説だろう. 当時, H. ウィマーとJ. パーナー (Wimmer & Perner, 1983) により発達課題として用いられていたいわゆる誤信念課題を用い, 高機能自閉症

児がこの課題にパスしないことから呈示された，S. バロン-コーエンら (Baron-Cohen et al., 1985) のこの仮説は，いまや世界中に広まっており，1978年に D. プレマックと G. ウッドラフ (Premack & Woodruff, 1978) がこの概念をつくりだしたことなど，しばしば忘れ去られているぐらいである．

さて，近年になり，「心の理論」を構成するより基礎的な能力を探るさまざまな試みが行われ，視線の認知や指差しの理解など，社会的能力を構成する多様な要因が指摘されてきている．しかし，これらの概念の背後には，依然として社会的な能力こそが自閉症児に欠けているものであるとする考えがあるだろう．それ自体が誤っているわけではないのだが，ここではより基礎的な能力，すなわち知覚的な要因をさぐり，脳機能の障害であることをより積極的に検討してみたい．

▷ 自閉症と形の知覚

先のウィリアムズ症候群やディスレクシアと同様に，自閉症においても運動視を中心とする背側系の障害が指摘されているが，一方で腹側系の機能は，健常者よりも優れているとの報告もなされている．たとえば，図形の中に別の図形が埋め込まれているような入れ子になった図形の中から，特定のパタンを探し出すような課題では，しばしば自閉傾向をもつ人々のほうが成績がよいとの報告がある (Plaisted et al., 1999 ; O'Riordan et al., 2001 ; Caron et al., 2004 ; Pellicano et al., 2005)．あるいは，自閉症児が図形全体ではなく，局所的なパタンに注目する傾向があることも報告されている (Shah & Frith, 1983, 1993 ; Jolliffe & Baron-Cohen, 1997 ; Mottron et al., 1999 ; Lahaie et al., 2006)．E. ペリカノら (Pellicano et al., 2005) は，図2-4にあるような，さまざまな形が埋め込まれている時計の図の中から三角形を探しだす，「子どもたちのための埋め込み図形課題 (Children's Embedded Figure Test：CEFT)」を実行した．すると，自閉症児群の平均的な探索時間が2.73秒だったのに対し，対応する健常児群では7.17秒もかかることがわかったのである．

こうしたデータの説明としては，静止している低次の情報に対する優れた能

力によるとの説（Plaisted et al., 1999 ; Mottron & Burack, 2001）と，低次な情報を高次なレベルに統合することができないことによる副産物であるとする説などがある（Frith, 2003）．

▷ 自閉症と動きの知覚

一方，運動視に関しては，特に高次で複雑なパタンを見ることが，自閉傾向をもつ人々には困難であるとの数多くの報告がある．たとえば先のペリカノら（Pellicano et al., 2005）も運動視について検討しており，単純なフリッカー（チラツキ）に対するコントラスト感度は，自閉症児群でも健常児群でも変わらなかったが，ラ

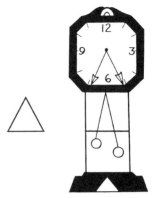

図 2-4　子どもたちのための埋め込み図形課題（CEFT）(Pellicano et al., 2005 より一部改変)
左側の三角形を，右側の時計の中に探す課題．全体を無視して局所的な線画に注目する必要がある．

ンダムドット運動を用いた一様な運動の S / N 比，すなわちどれくらいノイズを含んでも運動信号を検出できるかの精度を測定したところ，自閉症児群で有意に感度が悪いという結果が得られている．また，全視野における拡大パタン（Gepner et al., 1995），大域的な運動（Spencer et al., 2000），ランダムドットによる運動（Milne et al., 2002），さらには点の動きだけでヒトの歩く動きが見えるバイオロジカル・モーション（Blake et al., 2003）など，さまざまな高次で複雑な運動視において，自閉症児群で感度が低くなることが報告されている．

これら運動視への障害の理由としては，運動視そのものの障害であるとする考え（Gepner et al., 1995）や，背側系の機能不全（Spencer et al., 2000 ; Milne et al., 2002 ; Blake et al., 2003），あるいは背側系の発達的脆弱さ（Braddick et al., 2003）などが提案されてきた．これらの考えは，自閉傾向をもつ人々の認知が，形態視に関しては障害されていない点などからも支持されてきた（Ozonoff et al., 1994 ; Plaisted et al., 1999 ; Spencer et al., 2000 ; Blake et al., 2003 ; Mottron et al., 2003）．

▶ 複雑性−固有仮説

しかし近年，こうした仮説をさらに一歩進め，自閉症児の知覚障害を背側系に限るのではなく，より統合的な能力の障害であると捉える，複雑性−固有仮説（complexity-specific hypothesis）を提唱するものも現れている（Bertone & Faubert, 2003 ; Bertone et al., 2003）．A. ベルトンら（Bertone et al., 2005）は，自閉症児の知覚認知機能の障害は，神経系の統合的な機能の失調によるとの立場に立ち，単に低次の運動視の障害と考えるのではなく，より複雑で統合的な過程を必要とする知覚の障害であると考えた．その場合，運動視のみならず，静止画の知覚・認知にも障害が生じる可能性があると考えたのである．すなわち，局所的なコントラストであるところの一次の情報によって定義される縞パタンについては，自閉症児も健常児も，同じ程度に知覚可能である一方で，テクスチャーの違いなどによって定義される，二次のパタン，つまり統合的な過程を必要とする複雑なパタン認識については，自閉症児に特異的・選択的に障害が観察されるという仮説に基づき実験を行った．一次と二次のパタンはそれぞれ，ランダムドットにコントラスト変調を重ねるか，あるいはテクスチャーの変調をかけることにより作成し，どれくらい小さなコントラストやテクスチャーの違いで縦の縞パタンと横の縞パタンを弁別できるかを調べるため，コントラストやテクスチャー差の閾値を測定した．その結果，一次のパタンについては，自閉症児群のほうがより小さな差を検出できることがわかったが，逆に二次のパタンについては，自閉症児群の検出が悪いことがわかったのである．これらの結果から，より高次で複雑な処理を必要とするパタンの弁別であれば，運動視でなくとも自閉症児にとっては難しいことが示唆されたのである．

以上，さまざまな仮説とデータを概観してきたが，知覚課題や認知的課題における健常児との違いにより，自閉症児の心の世界を説明できるという可能性は感じられたであろう．自閉症といえば，心の理論や視線の認知など，いわゆる社会的な能力の障害であると考えられてきた時代もあったが，近年の膨大なデータにより，もっと基礎的な能力の障害が確実に存在することが明らかとな

ってきた．要するに，知覚や認知の入力面になんらかの問題があることで，結果としてその後の社会的な能力の発達にまで影響していくと考えることができるのである．この観点は，ウィリアムズ症候群にせよ，ディスレクシアにせよ，同じことである．自閉症を含む発達障害全般を，知覚認知の障害として，もう一度見直してみる必要があるのかもしれない．

引用文献

Abramov, I., Gordon, J., Henderickson, A., Hainlihe, L., Dobson, V., & LaBossiere, E. (1982). The retina of the newborn human infant. *Science*, 217, 265-267.

Atkinson, J., Anker, S., Braddick, O., Nokes, L., Mason, A., & Braddick, F. (2001). Visual and visuo-spatial development in young Williams syndrome children. *Developmental Medicine and Child Neurology*, 43, 330-337.

Atkinson, J., King, J., Braddick, O., Nokes, L., Anker, S., & Braddick, F. (1997). A specific deficit of dorsal stream function in Williams' syndrome. *NeuroReport*, 8, 1919-1922.

Baron-Cohen, S., Leslie, A. M., & Frith, U. (1985). Does the autistic child have a "theory of mind"? *Cognition*, 21 (1), 37-46.

Bellugi, U., Bihrle, A., Trauner, D., Jernigan, T., & Doherty, S. (1990). Neuropsychological, neurological, and neuroanatomical profile of Williams syndrome children. *American Journal of Medical Genetics (Supplement)*, 6, 115-125.

Bellugi, U., Lichtenberger, L., Mills, D., Galaburda, A., & Korenberg, J. R. (1999). Bridging cognition, the brain, and molecular genetics : Evidence from Williams syndrome. *Trends in Neurosciences,* 22, 197-207.

Bellugi, U., Sabo, H., & Vaid, J. (1988). Spatial deficits in children with Williams syndrome. In Stiles-Davis, J., Kritchevsky, M., & Bellugi, U. (Eds.), *Spatial cognition : Brain bases and development*. Hillsdale, NJ : Lawrence Erlbaum Associates.

Bertone, A., & Faubert, J. (2003). How is complex second-order motion processed? *Vision Research*, 43, 2591-2601.

Bertone, A., Mottron, L., Jelenic, P., & Faubert, J. (2003). Motion perception in autism : a "complex" issue. *Journal of Cognitive Neuroscience*, 15, 218-225.

Bertone, A., Mottron, L., Jelenic, P., & Faubert, J. (2005). Enhanced and diminished visuo-spatial information processing in autism depends on stimulus complexity. *Brain*, 128, 2430-2441.

Blake, R., Turner, L. M., Smoski, M. J., Pozdol, S. L., & Stine, W. L. (2003). Visual recognition of biological motion is impaired in children with autism. *Psychological Science*, 14, 151-157.

Braddick, O., Atkinson, J., & Wattam-Bell, J. (2003). Normal and anomalous development of visual motion processing : motion coherence and dorsal-stream vulnerability. *Neuropsychologia*, **41**, 1769-1784.

Caron, M. J., Mottron, L., Rainville, C., & Chouinard, S. (2004). Do high functioning persons with autism present superior spatial abilities? *Neuropsychologia*, **42**, 467-481.

Cornelissen, P., Richardson, A., Mason, A., Fowler, S., & Stein, J. (1995). Contrast sensitivity and coherent motion detection measured at photopic luminance levels in dyslexics and controls. *Vision Research*, **35**, 1483-1494.

Cohen, A., & Rafal, R. D. (1991). Attention and feature integration : Illusory conjunctions in a patient with a parietal lobe lesion. *Psychological Science*, **2**, 106-110.

Craton, L. G. (1996). The development of perceptual completion abilities : Infants' perception of stationary, partially occluded objects. *Child Development*, **67**, 890-904.

Eden, G. F., VanMeter, J. W., Rumsey, J. M., Maisog, J. M., Woods, R. P., & Zeffiro, T. A. (1996). Abnormal processing of visual motion in dyslexia revealed by functional brain imaging. *Nature*, **382**, 66-69.

Everatt, J., Bradshaw, M. F., & Hibbard, P. B. (1999). Visual processing and dyslexia. *Perception*, **28**, 243-254.

Farmer, M. E., & Klein, R. M. (1995). The evidence for a temporal processing deficit linked to dyslexia : A review. *Psychonomic Bulletin and Review*, **2**, 460-493.

Friedman-Hill, S. R., Robertson, L. C., & Triesman, A. (1995). Parietal contributions to visual feature binding : Evidence from a patient with bilateral lesions. *Science*, **269**, 853-855.

Frith U. (2003). *Autism : explaining the enigma (2nd ed.)*. Oxford, UK : Basil Blackwell.

Gepner, B., Mestre, D., Masson, G., & de Schonen, S. (1995). Postural effects of motion vision in young autistic children. *NeuroReport*, **6**, 1211-1214.

Gunn, A., Cory, E., Atkinson, J., Braddick, O., Wattam-Bell, J., Guzzetta, A., & Cioni, G. (2002). Dorsal and ventral stream sensitivity in normal development and hemiplegia. *NeuroReport*, **13**, 843-847.

Hansen, P. C., Stein, J. F., Orde, S. R., Winter, J. L., & Talcott, J. B. (2001). Are dyslexics' visual deficits limited to measures of dorsal stream function? *NeuroReport*, **12**, 1527-1530.

Hari, R., Valta, M., & Uutela, K. (1999). Prolonged attentional dwell time in dyslexic adults. *Neuroscience Letters*, **271**, 202-204.

Hendrickson, A. E., & Yuodelis, C. (1984). The morphological development of the human fovea. *Ophthalmology*, **91** (6), 603-612.

Hill, G. T., & Raymond, J. E. (2002). Deficits of motion transparency perception in adult developmental dyslexics with normal unidirectional motion sensitivity. *Vision Research*, **42**, 1195-1203.

Husain, M., Shapiro, K., Martin, J., & Kennard, C. (1997). Abnormal temporal dynamics of visual attention in spatial neglect patients. *Nature*, **385**, 154-156.

Huttenlocher, P. R., & de Courten, C. (1987). The development of synapses in striate cortex of man. *Human Neurobiology*, **6** (1), 1-9.
Huttenlocher, P. R., de Courten, C., Garey, L. J., & Van der Loos, H. (1982). Synaptogenesis in human visual cortex : Evidence for synapse elimination during normal development. *Neuroscience Letters*, **33** (3), 247-252.
Huttenlocher, P. R., & Dabholkar, A. S. (1997). Regional differences in synaptogenesis in human cerebral cortex. *Journal of Comparative Neurology*, **387**, 167-178.
Iles, J., Walsh, V., & Richardson, A. (2000). Visual search performance in dyslexia. *Dyslexia*, **6**, 163-177.
Jolliffe, T., & Baron-Cohen, S. (1997). Are people with autism and Asperger syndrome faster than normal on the Embedded Figures Test? *Journal of Child Psychology and Psychiatry*, **38**, 527-534.
Kellman, P. J., & Spelke, E. S. (1983). Perception of partly occluded objects in infancy. *Cognitive Psychology*, **15**, 483-524.
Klein, B. P., & Mervis, C. B. (1999). Contrasting patterns of cognitive abilities of 9- and 10-year-old with Williams syndrome or Down syndrome. *Developmental Neuropsychology*, **16**, 177-196.
Lahaie, A., Mottron, L., Arguin, M., Berthiaume, C., Jemel, B., & Saumier, D. (2006). Face perception in high-functioning autistic adults : evidence for superior processing of face parts, not for a configural face-processing deficit. *Neuropsychology*, **20** (1), 30-41.
Lankheet, M. J. M., & Verstraten, F. A. J. (1995). Attentional modulation of adaptation to two-component transparent motion. *Vision Research*, **35**, 1401-1412.
Larsen, J. S. (1971). The sagittal growth of the eye I. Ultrasonic measurement of the depth of the anterior chamber from birth to puberty. *Acta Ophthalmologica*, **49**, 239-262.
Milne, E., Sweetenham, J., Hansen, P., Campbell, R., Jeffries, H., & Plaisted, K. (2002). High motion coherence thresholds in children with autism. *Journal of Child Psychology and Psychiatry*, **43**, 255-263.
Milner, A. D., & Goodale, M. A. (1995). *The visual brain in action*. New York : Oxford University Press.
Mottron, L., Belleville, S., & Ménard, E. (1999). Local bias in autistic subjects as evidenced by graphic tasks : Perceptual hierarchization or working memory deficit. *Journal of Child Psychology and Psychiatry*, **40**, 743-755.
Mottron, L., & Burack, J. (2001). Enhanced perceptual functioning in the development of persons with autism. In Burack, J. A., Charman, T., Yirmiya, N., & Zelazo, P. R. (Eds.), *The development of autism : Perspectives from theory and research* (pp. 131-148). Hillside, NJ : Erlbaum.
Mottron, L., Burack, J., Iarocci Belleville, G. S., & Enns, J. (2003). Locally oriented perception with intact global processing among adolescents with high functioning autism : Evidence from Multiple Paradigms. *Journal of Child Psychology & Psychi-

atry, **44**, 906-913.

O'Riordan, M. A., Plaisted, K. C., Driver, J., & Baron-Cohen, S. (2001). Superior visual search in autism. *Journal of Experimental Psychology: Human Perception and Performance*, **27**, 719-730.

Otsuka, Y., & Yamaguchi, M. K. (2003). Infants' perception of illusory contours in static and moving figures. *Journal of Experimental Child Psychology*, **86** (3), 244-251.

Ozonoff, S., Strayer, D. L., McMahon, W. M., & Filloux, F. (1994). Executive function abilities in autism and Tourette's syndrome : an information processing approach. *Journal of Child Psychology & Psychiatry*, **35**, 1015-1032.

Pellicano, E., Gibson, L., Maybery, M., Durkin, K., & Badcock, D. R. (2005). Abnormal global processing along the dorsal visual pathway in autism : A possible mechanism for weak central coherence. *Neuropsychologia*, **43** (7), 1044-1053.

Plaisted, K., Sweetenham, J., & Reese, L. (1999). Children with autism show local precedence in a divided attention task and global precedence in a selective attention task. *Journal of Child Psychology and Psychiatry*, **40**, 733-742.

Premack, D., & Woodruff, G. (1978). Does the chimpanzees have a theory of mind? *Behavioral & Brain Sciences*, **1**, 515-526.

Raymond, J. E., O'Donnell, H. L., & Tipper, S. P. (1998). Priming reveals attentional modulation of human motion sensitivity. *Vision Research*, **38**, 2863-2867.

Raymond, J. E., & Sorensen, R. E. (1998). Visual motion perception in children with dyslexia : Normal detection but abnormal integration. *Visual Cognition*, **5**, 389-404.

Ridder, W. H., Borsting, E., & Banton, T. (2001). All developmental dyslexic subtypes display an elevated motion coherence threshold. *Optometry & Vision Science*, **78**, 510-517.

Shah, A., & Frith, U. (1983). An islet of ability in autistic children : a research note. *Journal of Child Psychology & Psychiatry*, **24**, 613-620.

Shah, A., & Frith, U. (1993). Why do autistic individuals show superior performance on the block design task? *Journal of Child Psychology & Psychiatry*, **34**, 1351-1364.

Shaywitz, S. E., Shaywitz, B. A., Fletcher, J. M., & Escobar, M. D. (1990). Prevalence of reading disability in boys and girls. *Journal of the American Medical Association*, **264**, 998-1002.

Skottun, B. C. (2000). The magnocellular deficit theory of dyslexia : The evidence from contrast sensitivity. *Vision Research*, **40**, 111-127.

Spencer, J., O'Brien, J., Riggs, K., Braddick, O., Atkinson, J., & Wattam-Bell, J. (2000). Motion processing in autism : evidence for a dorsal stream deficiency. *NeuroReport*, **11**, 2765-2767.

Stanovich, K. E., & Siegel, L. S. (1994). Phenotypic performance profile of children with reading disabilities : A regression-based test of the phonological-core variable-difference model. *Journal of Educational Psychology*, **86**, 24-53.

第 2 章 脳の発達と障害

Talcott, J. B., Hansen, P. C., Assoku, E. L., & Stein, J. F. (2000). Visual motion sensitivity in dyslexia : Evidence for temporal and energy integration deficits. *Neuropsychologia*, **38**, 935-943.

Valdes-Sosa, M., Cobo, A., & Pinilla, T. (1998). Transparent motion and object-based attention. *Cognition*, **66**, 13-23.

Valdes-Sosa, M., Cobo, A., & Pinilla, T. (2000). Attention to object files defined by transparent motion. *Journal of Experimental Psychology : Human Perception & Performance*, **26**, 488-505.

Vidyasagar, T. R., & Pammer, K. (1999). Impaired visual search in dyslexia relates to the role of the magnocellular pathway in attention. *NeuroReport*, **10**, 1283-1287.

Wilson, H. R. (1988). Development of spatiotemporal mechanisms in infant vision. *Vision Research*, **28** (5), 611-628.

Wimmer, H., & Perner, J. (1983). Beliefs about beliefs : representation and constraining function of wrong beliefs in young children's understanding of deception. *Cognition*, **13** (1), 103-128.

Yuodelis, C., & Hendrickson, A. (1986). A qualitative and quantitative analysis of the human fovea during development. *Vision Research*, **26** (6), 847-855.

第3章　色を見る

1　色が見えるメカニズム

▷ 色情報の入口——網膜

　色情報の世界の入口である網膜には，錐体と桿体という2つの性質の異なる細胞がある（図3-1）．このうち中央部分に密集する錐体細胞だけが視物質を含み，色の情報を伝達することができる．一方で網膜の周辺には桿体細胞が並び，明るいかどうかだけを伝える．桿体細胞は色を伝達しない代わりに弱い光にも反応するため，暗い時に外界を見る場合には便利である．

　色を伝達する錐体細胞はさらに3種に分かれ，それぞれ波長が異なる青・緑・赤の光を受け取る．私たちが見ている色は，たまたまもっている，この3種の錐体細胞を通しているものだ．錐体細胞の種類や数は生物の種によって異なるため，色の見え方は1つではない．

　たとえば犬や猫には色が見えないと，一般的によく言われる．進化的にみると，哺乳類が夜行性に移行したところで色覚を失ったといわれている．その代わり，哺乳類では暗闇でも有効な嗅覚が発達していると考えられている．

　一方で，哺乳類の中でも霊長類は，視覚が発達していることで有名である．2つの眼が接近し，視野が重なることによって，立体視が可能となった．それとともに色覚が発達したことにより，霊長類は高度な視覚をもつことを1つの特徴としている．立体を見る能力は，樹上生活に役に立つ．そして樹上生活で欠かせない食料である木の実が熟していることを知るために，色は大切な情報源となる．

　色を見る錐体細胞の数は種によって異なり，オスとメスで異なるものもある．南米の新世界ザルのマーモセットでは，オスが2色の色覚をもつのに対し，メ

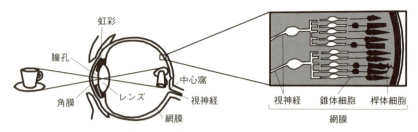

図 3-1　網膜上の錐体細胞と桿体細胞

スの中には 3 色の色覚をもつ個体が混在しているという（宮田，1996）．

　ヒトにおいても錐体細胞の数は常に一定というわけではない．よく知られる色弱や色盲は，錐体細胞が欠損していたり，働きが弱くなっていたりすることによって生じる．特に緑と赤は，知覚的には遠くとも，波長そのものとしては近いため，混乱することが多い．色弱や色盲の出現頻度は高く，一番多い赤と緑の区別ができにくいタイプの色弱や色盲は，男性の 5％に出現するといわれている．

　そして最近，同じ赤を担当する視物質に 2 種類あり，それぞれが異なる 2 種類の波長の赤を受け取ることが発見されている．しかもこの 2 種類の赤の視物質を同時にもつ女性がいるとも考えられている．つまり，4 種類の錐体細胞をもつ者が，女性の中にいるというのだ．異なる赤の錐体細胞をもつことにより，人によって赤を違うように見ている可能性があるとはいえ，4 種類の錐体細胞をもつことによって，どのような知覚的変化があるかはわかっていない．

▷ 色は脳で見る

　網膜上に並んだ細胞に含まれる視物質が波長の異なる光を吸収することによって，色は感じられる．この事実から，色は網膜で識別されていると説明されることがある．とはいえ光の波長がそのまま色として感じられるというわけではない．たとえば視物質を含む細胞は，先にも説明したように，網膜の中央部分にしか存在しない．もし本当に網膜だけで色を感じるのであれば，視野の周辺部は白黒になっていなければならない．しかし実際には，見えている世界は，

全体に色がついている．つまり，色は網膜の細胞と脳の共同作業でつくられるのである．

網膜にある3種類の細胞は，1つの細胞が1つの色を担当するのではなく，3種類の細胞が活動する量の組み合わせによって，色を認識するようにできている．3種類の細胞は，受けもつ波長の長さから，短波長錐体（S錐体：主に青を担当），中波長錐体（M錐体：主に緑を担当），長波長錐体（L錐体：主に赤を担当）と名前がついている．この3つの入口がうまく組み合わさることで，明るさ，赤と緑の区別，青と黄の区別の，3種類の処理が脳で行われるのである．

明るさの感覚は，L錐体とM錐体の反応を合計したものによってつくられる．色の知覚は，2種類の経路で処理されている．赤と緑を区別する経路と，青と黄を区別する経路である．この2つの経路は，網膜と脳の共同作業で実現されている．

つまり，赤と緑の区別はL錐体とM錐体の活動の比によって実現されている．L錐体やM錐体単独の活動で色が感じられるのではなく，その違いの情報が脳に送られることで，赤と緑の区別がつくのである．青と黄の区別の経路はもう少し複雑で，L錐体とM錐体の活動を足し算したものと，S錐体単独の活動との比を計算している．つまり，青と黄の区別には，L錐体とM錐体の活動をあわせた「明るさ」の情報と，S錐体単独の活動の，2つの活動量の比較があるのだ．繰り返しになるが，ここでもS錐体単独の活動量だけから，青が知覚されているわけではない．いずれにせよ，色の区別は，錐体細胞それぞれの活動を比べることで，初めて成立するのである．

2 色の知覚と好みの発達

▶ 色はいつから見えるのか

生まれたばかりの乳児には，世界はどんな色に見えるのだろう．そもそも網膜は周辺部分から発達し，色にかかわる錐体細胞の成長は遅いといわれる．大人の錐体細胞が，密集した細長い特徴的な形状をしているのに対し，新生児の

錐体細胞の密度は粗く，形も短いという特徴がある．

　錐体細胞の形状的な発達は遅いといえども，色知覚の発達は意外に早いことが知られている．乳児を対象とした色の実験は，アメリカの D. Y. テラーのグループが中心に行っている．テラーは強制選択選好注視法を開発し，低次な視覚発達機能の解明の糸口を作った優秀な女性研究者である．色はいつからわかるようになるのだろう．黄と緑がいつから区別できるかが，テラーたちのグループによって調べられた（e.g. Hamer et al., 1982）．

　実験では，黄色いスクリーンの上に同じ黄と緑の四角形を並べて見せる（口絵1参照）．このような状況でもし乳児に黄と緑が区別できるとしたら，背景との色が違う緑の四角だけが目立って浮き上がって見えるはずであり，目立つ緑の四角形に乳児は選好注視すると考えたのである．こうして，乳児が黄と緑の色味を区別できるかどうかが調べられた．実験の結果，1ヶ月齢では参加した被験者の何割かが，3ヶ月齢では参加したほとんどの被験者が，緑に注目したことがわかった．

　行動実験とともにK. ノブラウチら（Knoblauch et al., 1998）は，乳児が色を見ているときの脳活動を視覚誘発電位（VEP）を用いて計測した．実験の結果，2ヶ月齢と比べ，1ヶ月齢の色に対する脳活動は小さいことがわかった．

　これらの結果から推測するに，どうやら色の区別は生後2ヶ月ごろには完成すると考えられる．ところがこれで乳児が，大人とまったく同じように色を区別できているかというと，そうではないこともわかっている．区別しにくい色もあるというのである．

▶ 青い色は見えにくいか

　錐体細胞の種類によって，発達速度が違う可能性があると考えられている．青を処理する錐体細胞だけ，発達が遅いというのである．ちなみに先ほどの緑と黄の色の区別も，青を見る錐体細胞の働きなしにできる．そもそも青の錐体細胞はその数自体が少なく，大人でも青の検出は弱いことが知られている．ある意味で，青は特別ともいえる．

テラーらは，青の錐体細胞の働きを調べる実験を行った．青の錐体細胞が機能しないと見えない色と，青の錐体細胞がなくても見える色，2つの色の知覚を直接比較した．

　まず最初に青の錐体細胞の働きなしに区別できる，赤と緑の識別実験が行われた（Teller & Palmer, 1996）．赤と緑の縞パタンが動くのを，乳児に呈示したのである．乳児は縞パタンを見るのが好きで，選好注視する．しかもこの縞パタンが動いていたら，見逃すことなく眼で追視する．この性質を利用して，赤と緑の縞の動きを眼で追うかどうかで，赤と緑の縞が見えているかどうかを確かめることができる．縞を眼で追うOKN（視運動性眼振）が観察されたならば，赤と緑の縞が見えているわけで，つまり乳児は赤と緑の色の違いを区別できていることになる．反対に縞を追うOKNが観察されない場合，赤と緑の縞が見えず，つまり赤と緑を区別できていないことになる．

　実験の結果，赤と緑の明るさが違う場合，1ヶ月齢でも縞を追うOKNが観察できた．赤と緑では明るさが違うことが多い．たとえば赤と緑で，明るさが異なるときにのみ生じる錯視がある．CFM（color from motion）と呼ばれるもので，ドットで構成された赤と緑の，緑の部分だけ上下に動かす（口絵2参照）．こうすると緑の領域に主観的輪郭を感じることができる．一方でこの赤と緑の明るさを同じにすると，とたんに主観的輪郭が見えなくなる．この錯視は，生後5ヶ月から知覚できることが知られている（Yamaguchi et al., 2008）．

　話を元に戻すと，テラーの実験では乳児が赤と緑を色のみで区別できることを示すため，赤と緑の明るさを同じに変えた．すると明るさを同じにした場合，2ヶ月齢にならないと，縞を追うOKNは観察できなかった．これらの結果から，赤と緑の色の違いを区別できるのは，明るさを同じ条件にした，生後2ヶ月ということになる．

　次に行われたのが，青の錐体細胞の働きがかかわる色の区別である（Teller et al., 1997）．黄緑と紫の縞で，同様の実験が行われた．赤と緑の縞実験と同様に，2色の明るさを同じにして縞を動かしたところ，4ヶ月齢になっても，縞を追うOKNは見られなかったのである．

▷ 色の区別と脳活動

　青を担当するS錐体が機能し始めるのが遅いのは，確かなようだ．そこでC. M. サトルらは，青の色味を見るときの，乳児の脳活動を視覚誘発電位（VEP）を用いて調べてみた．サトルら（Suttle et al., 2002）の実験では，S錐体の働きによって見ることのできる縞パタンと，この縞と同じ明るさに塗りつぶした1色の色とを用意した．そしてまずは乳児が，縞パタンを区別できるかを行動実験によって調べたのである．複雑なものが好きな乳児は，縞が見えれば，そちらのほうを選好注視する．縞を見る行動をもとに，いつごろからこの縞パタンが見え，縞を構成する色間の違いを区別できるかを調べたのである．実験の結果，先のテラーの縞を動かした実験よりも少し早く，生後4ヶ月でS錐体が関与する縞の色の違いに注目できることがわかったのである．

　次に脳活動の計測実験が視覚誘発電位（VEP）で行われた．S錐体がかかわる縞パタンを見たときの脳活動も，やはり遅く現れるのだろうか．実験の結果は意外なことに，脳は生後2ヶ月から活動していることがわかった．この他の実験からも，色にかかわる脳活動は，行動実験に基づく色の区別よりも早い時期に活動し始めることがわかっている．色を見るときの脳活動は，色を区別できるよりも早く，その兆候が現れるのかもしれない．青を検出することを示す脳活動があったとしても，この活動から色を区別するまでには至らないともいえるようだ．いずれにせよ，青を見て色を区別できるようになるには時間がかかり，あらゆる色の区別が可能になるのは，生後4ヶ月ごろのようである．

▷ どんな色を好むのか

　選好注視法を用いて乳児の色の好みを調べた実験が行われている．乳児を対象とした色知覚の実験を続けてきたテラーらのグループによる結果のまとめを，図3-2に示す．生後4ヶ月前後の乳児を対象とした複数の研究で示された，色の好みのデータの集積である．注視時間が長く好まれる色は青と赤・紫などで，ピンクは好まれないことがわかる．一般には幼稚園に通うくらいの年齢になると，女の子は赤，男の子は青と，色の好みに男女差が観察されることがあるが，

こうした男女差は乳児ではみられないようだ．乳児の好みのトップの色は青と赤であることから，この色の好みを基礎に，後に文化による影響で男女差が生じる可能性がある．発達途上の網膜をより強く刺激する色が，乳児の好む色と解釈できそうである．

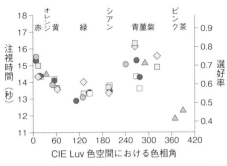

図 3-2　乳児の色の好み（Brown & Lindsey, 2013）

3　色の知覚と明るさの知覚

▷ 色と明るさの関係

明るさを見ることと，S錐体以外の錐体細胞を使って色を見ることには，密接な関係がある．この両者とも，青を除いた2つの錐体細胞の反応で決まるのである．先に説明したように，明るさの知覚と赤緑系の色の知覚は，それぞれ赤と緑を担当するL錐体とM錐体からの反応を足し算するか，引き算するかだけの違いである．明るさは，S錐体を除く2つの錐体の反応を合計したもの，そしてこの2つの錐体細胞反応の差から，赤や緑といった色の違いが生み出されるというわけである．

色を見るための錐体どうしの「組みあわせ」のパターンをみれば，色の知覚が明るさの知覚をベースに成り立っていることがわかる．色が見えているときには，当然だが，それがどれぐらい明るいかという感覚をともなっているのである．

網膜の細胞にある視物質で見分けるはずの色ではあるが，色の知覚は意外にも相対的なのである．日常生活の中でも，純粋に色の違いだけを区別することは少ない．たとえばカラーの風景写真を白黒でコピーしてみると，色は特定できなくても，濃淡の差からそれぞれの色の違いを推測できる．黄は明るく青は暗いといったように，色によって濃淡が違う．こうした濃淡の違いから，色を

推測することも可能なのである．

　乳児を対象に「特定の色が知覚できるかどうか」を調べる実験では，こうした色ごとの明るさの違いをなくすことが徹底される．色味の違いだけから，それぞれの色を区別していることを証明しなくてはならないからである．とはいえ，ここで改めて記しておくべきこととして，こうした実験で使われる色は，日常生活で体験する色から離れているのである．色間の明るさの差をなくすと，明るい黄や暗い青といった，日常経験するそれぞれの色の自然な色あいから離れることになる．こうした実験に使われる色は，本来の色らしさは少ないともいえるのである．明るさと色は切り離しにくい．逆にいえば，純粋に色そのものだけを区別していることは稀ともいえる．色弱や色盲が直面する問題は，想像するよりも小さそうだ．明るさの違いを比較することによって，色の違いを推測することが可能だからだ．

▶ 個人差を加味した色の実験方法——最小運動法

　色の識別を行うことは簡単そうに見えるため，色の情報のみを扱って実験することも簡単だと思われるかもしれない．しかし，色を変えると，すでに述べたように明るさも変化してしまうため，純粋に色の情報のみを操作することは容易ではない．1960年代ごろまでにも，乳児を対象にした色知覚実験は行われてきたが，多くの実験が明るさの要因を制御していなかったため，本当に色を識別していたのか，明るさの違いを手がかりに区別していたのかがわからなかった．こうした問題を解決するために，ある人にとって，どれぐらいの明るさにすれば，異なる色どうしの明るさが等しくなるかを調べる手続きがよく用いられる．

　S. M. アンスティスとP. キャバナフは，「異なる色どうしの主観的な明るさ」が等しくなるようなうまい方法を考案した（Anstis & Cavanagh, 1983）．最小運動法（minimum motion method）と呼ばれるこの方法は，動く縞に対する眼球運動を測定することで，「主観的な明るさ（輝度）」が等しくなるポイント，すなわち「等輝度点」を測定する．図3-3は，赤と緑の主観的な明るさを測定す

るために用いられる刺激の図である．ここでは，緑と赤の縞パタン（T1）と，暗い黄と明るい黄の縞パタン（T2）を交互に短い時間で呈示し，それぞれの縞の位置を少しずつズラしていく．ここでは，縞の幅の4分の1だけズラして配置している．ここではT1，T2，T3，T4の4つの画像が示されており，この4枚を高速で繰り返し呈示する．

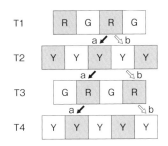

図3-3　最小運動法による色の主観的等輝度点を測るための実験

赤と緑の明るさのバランスを操作し，運動が右に見えるか左に見えるかで，等輝度点を探る．右にも左にも運動が見えないとき，赤と緑の輝度は，主観的に等しいことになる．

もし，赤が緑より暗く見える場合，図のaの矢印方向に対応関係が生じ，縞全体は左に動いて見える．逆に赤が緑より明るく見える場合，図のbの矢印方向に対応関係が生まれることで，縞全体は右に動いて見える．一般に，縞が左右のどちらか一方に動いて見えるとき，眼は，縞をギリギリまで追いかけては急速にもとにもどることを繰り返すOKN（視運動性眼振）とよばれる眼球運動を生む．このOKNがどちらの方向に生じるかを，赤と緑の明るさを変化させることで調べるのである．D. マウラらはこのアンスティスらの方法を乳児に対して用いることで，乳児ごとに，赤と緑の明るさが主観的に等輝度になる点と，黄と青が主観的に等輝度になる点をそれぞれ測定した（Maurer et al., 1989）．その結果，2-3ヶ月齢の乳児では，ほぼ大人と同じような個人差の幅に収まることが明らかとなっている．またこの研究では，色弱の母親（赤が極端に暗く見えるタイプや緑が極端に暗く見えるタイプの人）の子どもは，同じようなタイプの色弱であることが明らかとなっている．

最小運動法を用いた明るさの要因によらない純粋な色知覚の研究は，その後もいくつか行われており，たとえばテラーのグループの研究でも，マウラらの研究と同様に，2-3ヶ月齢ごろの乳児の色覚は大人と似たものであるとの結論が得られている（Teller & Lindsey, 1989 ; Teller & Palmer, 1996）．

それでは，同じ錐体細胞がかかわる，色の知覚と明るさの知覚，どちらが先

に発達するのだろうか.

D. アレンら (Allen et al., 1993) は, 生後2-8週の乳児の, 赤緑系の色と明るさを見ているときの脳活動を比較した. その結果, 色と明るさに対する感度は, どちらも大人と比べて低いことがわかった.

この色を見る能力と明るさを見る能力の発達を比較することにより, 色の知覚の発達プロセスをアレンらは検討した. そもそも乳児が色を知覚できるようになる発達プロセスには, 2つの可能性がある. 錐体細胞の発達が必要か, あるいは個々の錐体細胞からの信号を比較する, より先の器官の発達が必要かのいずれかだ.

錐体細胞より先の器官は, 色の知覚と明るさの知覚, どちらにも関与している. 色と明るさの知覚がともに悪いというアレンらの実験の結果は, このレベルでの未発達を示唆している. つまり生後1・2ヶ月ごろの非常に幼いときは, 錐体細胞どうしの信号を比較する, 錐体細胞よりも先の器官が未発達だというのである.

とはいえ, 色と明るさを見る能力のその後の発達は, 発達当初と少々様子が異なるようである. K. R. ドブキンスら (Dobkins et al., 2001) によって生後2-5ヶ月の間の発達が調べられ, 明るさへの感度はこの時期既に大人と同じくらいに高度なレベルであることがわかった. ところが色の感度のほうは, この期間にさらに成長するというのである. 生後1, 2ヶ月ごろでは色と明るさの感度は同じとしても, 明るさを見るほうが先に完成するようである.

4　より高度な色の見方

▷ 色と照明の関係

色の知覚には, 照明が強くかかわっている.

商品の展示の際に照明にこだわるのは, 照明によっていともたやすく消費者の印象を操作することができるからだ. スーパーの食品売り場の照明は, 商品が新鮮に見えるように工夫されている. スーパーで新鮮に見えた赤味の刺身が,

家の蛍光灯のもとでは違って見えることもある．

　これは極めて単純な話で，色が見える基本原理は光の波長の違いであり，照明の波長を変えてしまえば，色は変わって見えるはずである．

　色が見えるメカニズムについてここで再度触れておこう．地球上における光の基本は太陽光線である．無色の太陽光線は，プリズムの屈折を利用することによって，"波長"に分けることができる．屈折の大きいところは波長の短い青に，屈折の小さいところは波長の長い赤に，そして中間の波長の光は緑に見える．つまり太陽の光はすべての波長の光から構成され，すべての波長の光を足しあわせると無色となるのである．

　空が青く見えるのも，夕焼け空が赤く見えるのも，この光の波長と関係がある．昼間の空が青く見えるのは，太陽の光の中で青い光だけが地上に届くからだ．空気中のチリにぶつかり太陽の光は拡散し，一番短い波長の青だけが地上に届く．反対に太陽が傾いた夕方では，より長い空気の層を通過することになり，青の光は散乱され赤い光だけが届くのである．

　では，光を発しないものに対して，どうやって色を見ることができるのだろう．光を発しないものは特定の光を吸収し，残りの光を反射させることによって色を伝えるのである．たとえば白い色が光を反射し，黒い色が光を吸収するように，色味をもった色は，より選択的に波長を吸収・反射するのである．

▷ 色の恒常性

　しかしながら色を見る基本となる照明の効果は，ときとして無視されることがある．モノが一定のモノとして見えるために，犠牲にされるのだ．たとえばどんな照明のもとでも，同じ色を見ていると感じることができる．青白い蛍光灯でも昼間の光でも夕焼けの真っ赤な光でも，白い紙は同じように真っ白のままに見える．ほんとうならば，まったく違う色に見えたとしても当然なほど，大きな波長の違いがあるにもかかわらずだ．照明によって反射される光の波長が変わっても，頭の中で補正して同じ色として見ている証拠である．このように補正して色を見る能力は，色を見るためには欠くことのできないもので，こ

れは「色の恒常性」と呼ばれる.

乳児を対象とした色の恒常性の実験はJ. L. ダンナミラーとS. A. ハンコ（Dannemiller & Hanko, 1987）によって行われた. 図3-4のように5つの同じ色の正方形が並んだ画面が用意された. この色は, 色紙を元にコンピュータモニタ上で再現したものである. 中の正方形は, 青か紫だ. 青か紫, どちらか1つの色を選んで, 乳児に何度も見せて馴化させる. この画面に馴化できたところで, テストに入る. 照明を変えて, 画面を見せる.

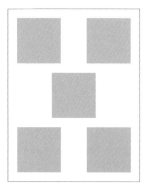

図3-4 色の恒常性の実験
(Dannemiller & Hanko, 1987)

学習したのと同じ色の画面を, 違う色の画面と一緒に並べて見せ, 色の違いを区別できるかを調べるのである.

実験の結果, 照明が変わると, 4ヶ月齢の乳児でも色の判断が正しくできなくなることがわかった. 色知覚の成立した生後4ヶ月でも, 色の恒常性がうまく働かないようなのだ.

▷ 経験の重要性

色の恒常性は, どのように獲得されるのだろうか. 最近の研究から, 色の恒常性の成立のためには, 色を見る経験が重要であることがわかってきた.

神経生理学者の杉田（Sugita, 2004）が, 生後間もないサルを1年間,「単一の波長成分」という特殊な照明のもとで育て, 色知覚にどのような変容があるかを調べている.「単一の波長成分の光」で照らされると, 単一の色相の違いだけが見える. 通常, 私たちが見る色の世界は, 赤・青・黄といった, さまざまな色相のバリエーションから構成される.「単一波長成分の光」は, こうした多様な色が同時に見えないよう, 人工的に作られたものだ. 実験では, この「単一波長成分の光」を1分間ごとに赤・緑・青と切り替えていった. こうすることによって, 3つの錐体細胞を順番に刺激できる.

こうした実験環境を設定することによって, すべての錐体細胞を刺激するこ

とができる．ただし知覚レベルでは，実際に見えるのは常に1つの色の濃淡だけである．さまざまな色のバリエーションのある世界を見ることなく，つまり3つの錐体細胞が同時に刺激されることなく育つというわけである．

図 3-5 明るさの対比
小さい正方形は同じ輝度をしているが，背景の影響によって異なる明るさであるように知覚される．

その後の実験の結果，この特殊な環境で育ったサルは，色の恒常性に障害があることが発見された．照明を変えると，同じ色を同じと判断できなかったのである．このサルで，色を感知するセンサーである錐体細胞への刺激は十分だった．にもかかわらず，錐体細胞への刺激だけでは，色の恒常性は生じなかったのである．さまざまな色のバリエーションを同時に経験することが，色を見るためには重要ということなのだろう．

▶ 色の誘導と対比

色の知覚は周囲の影響を受ける．色の恒常性においても周囲の効果が重要で，自分が見る対象と同じ照明下にいない場合，色の恒常性はうまく機能しないことが内川ら（Uchikawa et al., 1989）の実験でわかっている．隣りあう色によっても色の見え方が変わる．これは「色の誘導」と呼ばれる．図3-5に示したように，囲まれた背景の明暗によって，ターゲットの色の明るさも違って見える．隣りあう色や明るさとの差から，色や明るさは判断される．

乳児も大人と同じように，明るさを見るときに周りからの影響を受けるのだろうか．テラーのグループのチェンら（Chien et al., 2003）は，4ヶ月齢の乳児を対象とした実験を行った（図3-6）．

実験では，白い背景の上にやや暗い円を置いた図を用意した．これを何度も乳児に見せて馴化させる．その後のテストでは，背景をやや暗くして，先に見たものと同じ明るさの円と，先に見せたものよりも暗い円とを2つ並べて見せる．背景が白いときと比べ，背景が暗くなると，中にある円は明るく見える．そのため，先ほどと同じ明るさの円は，先ほどよりも明るく知覚され，逆に先

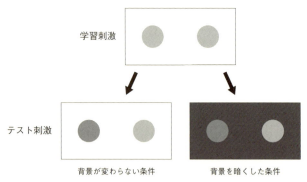

図 3-6　明るさの対比の実験 (Chien et al., 2003)

ほどより暗い円のほうが，先ほどと同じくらい明るいと知覚されるのである．

　もし乳児が大人と同じように，背景との明るさの違いを比較して円の明るさを知覚することができれば，最初に見た円と同じに見えるのは，暗い背景では暗い円のほうだ．この乳児の判断を調べたのである．実験の結果，4ヶ月齢の乳児も大人と同じ判断ができた．つまり明るさを比較して判断できるのである．

　このような高度な色の見方には経験による学習が必要なのかもしれない．色を見るということは複雑だ．網膜の中の錐体細胞というセンサーを通して伝わる色がそのまま「見た色」となるわけではない．周りの色からの影響を受けたり，照明が違っても同じ色に見えたり，そんな高度な見方をしているのである．

▷ 色カテゴリの獲得

　色認知発達の最終的なゴールは，色カテゴリの習得ということになるであろう．波長の違いによって作り上げられる色ではあるが，赤や緑といったカテゴリ境界によってはっきりと異なる色へと区別される特性がある．たとえば青から緑へと徐々に波長が変化する際，色カテゴリの境界を越えた色の弁別の感度は，同じカテゴリにある色の弁別の感度よりも優れている．これが色カテゴリの特性である．

　この色のカテゴリは国や文化によって異なるともいわれ，たとえば韓国では青に2種あるとか，欧米と比べると日本は青と緑の境界があいまいだともいわ

れている．色カテゴリは言語に基づくのか，それとも言語以前にも存在するのか，大きな争点となっているが，チンパンジーでも色カテゴリを持つことなどから，色カテゴリは言語に依存しないという考えが主流となってきた．

　成人では，色カテゴリ判断をさせる際に，左視野と比べて右視野に呈示したほうが脳の反応が強いことが知られている．これは言語半球と結びつくためと考えられ，fMRIで脳画像を計測した実験から，右視野呈示で言語野（左半球）の活動が観察された．ところが同じ課題を言語獲得前の幼児で行ったところ，成人と反対の左視野（右半球）が優位とされ，色カテゴリは言語が獲得されるにつれ，その責任部位は言語にかかわる左半球へと推移すると推測されている．

　具体的な脳部位の特定と，言語以前の色カテゴリの存在を確認するために，言語獲得前の乳児と成人を対象に，青から緑へと色カテゴリを越えて変化する色と，色カテゴリ内で変化する色への脳活動を調べる実験が行われている（Yang, 2016）．近赤外分光法（NIRS）を使い，言語にかかわる左側頭の活動を見るため，色を見ている際の左右両側頭の活動（酸化ヘモグロビンの変化量）が計測された．ベースラインとして口絵3のように形が変化する画像を見て，テストではカテゴリ内で変化する色とカテゴリ間で変化する色を観察する際の脳活動が計測された．なお，カテゴリ内で変わる色もカテゴリ間で変わる色も，物理的には同じ変化量としている．

　実験の結果は図3-7に示されたとおり，成人も乳児も，カテゴリ内で変化する色と比べ，カテゴリ間で変化する色に側頭領域が強く活動した．ちなみに側頭領域は色カテゴリのような高次の色処理を行う領域であり，さらに言語野に近い領域でもある．言語を発する前から色カテゴリはこのような領域で処理され，実際にそれより前の処理である初期視覚野の一次視覚野に該当する脳の領域ではカテゴリ間とカテゴリ内の差は見られなかった．このことから，言語獲得前の乳児も，成人同様に色カテゴリを知覚できる可能性が示されることとなる．つまり，言語獲得前の乳児でも，カテゴリを越えた色に対する脳活動が成人と同じように見られることがわかったのである．

　さらに最近の研究から，色カテゴリの中に金色や銀色も存在することが示さ

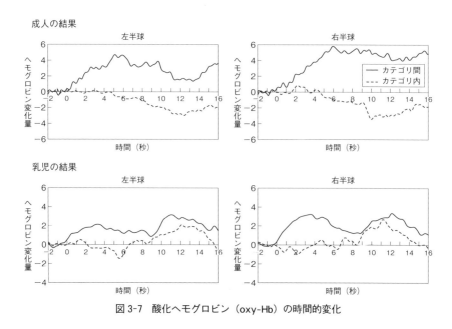

図 3-7 酸化ヘモグロビン (oxy-Hb) の時間的変化

れている.金色と銀色はそれぞれ色カテゴリとなるが,物理的にいうと,金色とは黄色に光沢感をつけたもの,銀色とは白色に光沢感をつけたものである.そして,乳児も金色カテゴリを持つ可能性が示されている.

　光沢感の付与による色カテゴリの変化は,特定の色でしか生じない.この性質を利用した実験が行われた.なお光沢感の知覚は生後 7 ヶ月に発達することが知られ (Yang, 2011),この知見に基づいて生後 7 ヶ月前後の乳児を対象としている.実験では,口絵 4 に示されるように,第 2 節の乳児の色の好みの結果(図 3-2) から,好みの同じ黄色と緑色が使われた.左右に黄色と緑色を呈示して選好を比較する.この際の選好は同じであるはずで,次に,黄色と緑色それぞれに光沢感をつけて選好を比較した.

　緑色に光沢感をつけてもメタリックな緑色で,同じ緑色の属性になるだけであるが,黄色に光沢感をつけると金色へと色カテゴリが変化する.色カテゴリが黄色から別の色である金色に変化すれば,色の選好も変わる可能性がある.このように,カテゴリが変わることによる色選好の変化を検討した.

実験の結果は図3-8にあるように，光沢感をつけて金色に変化させると，金色への選好が生じることが判明した．このことから，乳児は黄色と金色を別の色として感じている可能性が示されたのである．

さまざまな実験から，言語獲得前の乳児であっても成人と同じように色をカテゴリとして知覚する能力が備わっていることがわかってきた．これらの知見から，乳児を取り巻く環境の色を再検討する必要があるだろう．

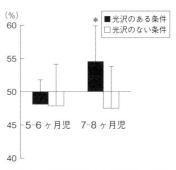

図3-8 乳児が金色または黄色を見ていた割合

引用文献

Allen, D., Banks, M. S., & Norcia, A. M. (1993). Does chromatic sensitivity develop more slowly than luminance sensitivity? *Vision Research*, 33 (17), 2553-2562.

Anstis, S. M., & Cavanagh, P. (1983). A minimum motion tequnique for judging equiluminance. In J. D. Mollon & L. T. Sharpe (eds.), *Colour Vision : Psychophysics and Physiology* (pp. 66-77). London : Academic Press.

Brown, A. M., & Lindsey, D. T. (2013). Infant color vision and color preferences: A tribute to Davida Teller. *Visual Neuroscience*, 30 (5-6), 243-250.

Chien, S. H. L., Palmer, J., & Teller, D. Y. (2003). Do 4-month-old infants follow Wallach's ratio rule? *Psychological Science*, 14 (4), 291-295.

Dannemiller, J. L., & Hanko, S. A. (1987). A test of color constancy in 4-month-old human infants. *Journal of Experimental Child Psychology*, 44, 255-267.

Dobkins, K. R., Anderson, C. M., & Kelly, J. (2001). Development of psychophysically-derived detection contours in L- and M-cone contrast space. *Vision Research*, 41, 1791-1807.

Hamer R. D., Alexander K., & Teller D. Y. (1982). Rayleigh discriminations in young human infants. *Vision Research*, 22, 575-587.

Knoblauch, K., Bieber, M. L., & Werner, J. S. (1998). M- and L-cones in early infancy : I. VEP responses to receptor-isolating stimuli at 4- and 8-weeks of age. *Vision Research*, 38, 1753-1764.

Maurer, D., Lewis, T. L., Cavanagh, P., & Ansitis, S. (1989). A new test of luminous efficiency for babies. *Investigative Ophthalmology & Visual Science*, 30 (2), 297-303.

宮田隆 (1996)．メスより劣るオスの視覚．眼が語る生物の進化　岩波書店 (pp. 59-65)．

Sugita, Y. (2004). Experience in early infancy is indispensable for color perception.

Current Biology, 14 (14), 1267-1271.
Suttle, C. M., Banks, M. S., & Graf, E. W. (2002). FPL and sweep VEP to tritan stimuli in young human infants. *Vision Research*, 42, 2879-2891.
Teller, D. Y., & Lindsey, D. T. (1989). Motion nulls for white versus isochromatic gratings in infants and adults. *Joarnal of the Optical Society of America A*, 6 (12), 1945-1954.
Teller, D. Y., & Palmer, J. (1996). Infant color vision : Motion nulls for red/green vs luminance-modulated stimuli in infants and adults. *Vision Research*, 36 (7), 955-974.
Teller, D. Y., Brooks, T. W., & Palmer, J. (1997). Infant color vision : Moving tritan stimuli do not elicit directionally appropriate eye movements in 2-and 4-month-olds. *Vision Research*, 37, 889-911.
Uchikawa, K., Uchikawa, H., & Boynton, R. M. (1989). Partial color constancy of isolated surface colors examined by a color-naming method. *Perception*, 18, 83-91.
Yang, J., Kanazawa, S., & Yamaguchi, M. K. (2010). Perception of Munker-White illusion in 4- to 8- month old infants. *Infant Behavior and Development*, 33, 589-595.
Yang, J., Kanazawa, S., & Yamaguchi, M. K. (2013). Can infants tell the difference between gold and yellow? *PLoS ONE*, 8 (6), e67535. doi:10. 1371/journal. pone. 0067535
Yang, J., Kanazawa, S., Yamaguchi, M. K., & Kuriki, I. (2013). Investigation of color constancy in 4. 5-month-old infants under a strict control of luminance contrast for individual subjects. *Journal of Experimental Child Psychology*, 115, 126-136.
Yang, J., Kanazawa, S., Yamaguchi, M. K., & Kuriki, I. (accepted). Cortical response to categorical color perception in infants investigated by near-infrared spectroscopy. *Proceedings of the National Academy of Sciences of the United States of America*.
Yang, J., Otsuka, Y., Kanazawa, S., Yamaguchi, M. K., & Motoyoshi, I. (2011). Perception of surface glossiness by infants aged 5 to 8 months. *Perception*, 40, 1491-1502.
Yamaguchi, M. K., Kanazawa, S., & Okamura, H. (2008). Infants' perception of subjective contours from apparent motion. *Infant Behavior & Development*, 31, 127-136.

第4章 時間的な変化を見る

1 時間的な変化を検出する能力

▷ コントラスト感度関数（CSF）と時間コントラスト感度関数（tCSF）

　第1章でも述べたように，視覚研究の分野では，しばしば縞視力というものが，より一般的な視力の指標となる．縞視力とは，おおざっぱにいえば，白黒の縞の幅をどんどんせまくしていき，灰色の一様なパタンと区別できなくなる限界はどこにあるか，ということをもって定義された視力である．この縞パタンを用いて，少しずつ白と黒のコントラストを落とし，どんどん「薄く」するという操作を加え，どのくらい「薄く」すれば一様な灰色と区別できなくなるか，を求めたものがコントラスト感度関数（CSF）であった．

　このコントラスト感度関数は，いわば空間的な解像度の能力を示したものであるが，時間的な変化に対しても，まったく同じ関数を求めることができる．

　空間的な細かさである縞の幅は空間周波数であり，縞の幅を細かくして空間周波数を高くすると区別できなくなるように，時間的に接近しすぎても区別できなくなる．そこでさまざまな時間的な周波数（temporal frequency）に対して，どの程度のコントラストをもった変化であれば区別できるのかを調べる実験が行われた．要は，黒⇒白⇒黒⇒白……と次々に点滅する（フリッカーする）刺激を使用する．早い変化（高い時間周波数）やゆっくりとした変化（低い時間周波数）で，白と黒のコントラストを少しずつ落としていき，白黒が混ざって灰色に見える地点，すなわち灰色と区別できない限界のコントラストを求めるのである．時間周波数（Hz：1秒間に何回，白⇒黒と変化するか）を横軸にとり，縦軸にコントラストをとる．こうして求めたものが時間コントラスト感度関数（temporal contrast sensitivity function：tCSF）ということになる．

▶ 動きの知覚の基礎となるチラツキへの感度

たとえば，蛍光灯は，1秒間に100回ほどの回数で明るくなったり暗くなったりを繰り返しているが，その変化があまりにも速いため，私たちの眼にはずっと一定の明るさの光がともっているように見える．しかしそれは，この100 Hz（1秒間に100回）という時間的な周波数の数値が私たちの眼の限界を超えているからで，仮にこの点滅が20回程度に落ちてくると，はっきり「チラツキ」が知覚できるようになる．現に，切れかけの蛍光灯は，しばしばチラチラと明暗の点滅を繰り返すのが見える．では，1秒間に何回のチラツキであれば，私たち大人はそれをチラツキと判断できるのだろうか．あるいは，その能力は，乳児と大人で同じなのだろうか．違うとすれば，いつごろ，どのように発達するのだろうか．この能力の総合的な指標となるのが時間コントラスト感度関数（tCSF）なのである．

コントラスト感度関数（CSF）が静止している映像を見るときの細かさをみる能力であるのに対し，時間コントラスト感度関数は，時間的に変化する映像に対する感度を調べている．たとえば時間コントラスト感度関数の値が小さいということはチラツキへの感度が悪いということで，完全に明るい状態と完全に消えるような状態の繰り返しでなければその変化に気づかないということであり，逆に時間コントラスト感度関数の値が大きいということはチラツキへの感度が優れているということで，少し明るくなったり少し暗くなったりの繰り返しに気づくことができるということだ．どのくらいの速さのチラツキに対して，どのくらいのコントラストの明暗変化が必要かを調べたものが，時間コントラスト感度関数なのである．

そもそも運動情報とは，視野に生じる変化の情報であるから，こうした時間的変化への感度を調べた時間コントラスト感度関数は，運動視の基礎的な能力ということになる．ここでは，動きを知覚するために必要なフリッカー刺激に対する感度ともいうべき時間コントラスト感度関数の先行研究を概観し，乳児の運動視の基礎的な能力について検討していく．

2 時間コントラスト感度はいつ完成するか

▷ 極めて早い発達を示す臨界融合周波数（CFF）

　乳児の時間コントラスト感度関数（tCSF）の値を求めてなされた数々の研究より以前に，乳児における臨界融合周波数（critical fusion frequency：CFF）はそもそもどのくらいか，という基本的な問いの研究があった．臨界融合周波数とは，コントラストにこだわることなく，どのくらい速いフリッカーをチラツキとして見ることができるかを調べるものだ．要するに，ストロボのようにわかりやすく明暗を点滅させて，そのチラツキに対する感度を調べるということである．当然ながら，コントラストは高いほうが見やすいから，コントラストはできるだけ大きくとったほうがいいのである．

　大人の場合，用いられる実験方法や刺激パラメータにより測定された値は異なるが，チラツキが見える時間周波数はおおよそ20-40 Hz程度であることが知られている（Hecht & Schlaer, 1936；De Lange, 1958；Kelly, 1961, 1969, 1971；Tyler, 1985）．では，乳児ではどの程度の値になるのだろうか．

　選好注視法を用いて，乳児の臨界融合周波数を調べた初期の研究がある．D. M. リーガルは，ランプの光を，扇形状に穴のあいた円盤を回転させてさえぎり，この回転速度をモーターで制御することによって，臨界融合周波数を測定する装置を作成した（Regal, 1981）．穴のあいた円盤を高速で回転させ，光を通したりさえぎったりすることでフリッカー刺激をつくりだし，回転数をコントロールすることでフリッカーのチラツキの速さを制御できる．穴を通った光は，レンズによって拡散される．視角にして約2.6度の正方形の領域を左右に2つ用意し，一方の側に75 Hzのフリッカーを，もう一方の側には，さまざまな時間周波数のフリッカーを呈示する．これらに対する乳児の選好注視行動を観察するのである．

　いくつかの先行研究によれば，時間的に変化しない一様なパタンと，時間的に次々と明るさが変化するフリッカーを呈示すると，乳児はフリッカーのほう

を注視することが知られている．後に述べるように，この選好は，時間周波数によって逆転することもあるが，一般的には，特に低い時間周波数に関して，よくあてはまる性質のようである．

75 Hz のフリッカーは，大人で言えば，ほとんど閾値を超えた見えない域にある．つまり，チカチカとフリッカーせずに一様なパタンとして見えていると考えられるものだ．こうした刺激を一方に出し，時間周波数を 5 Hz きざみで用意し，強制選択選好注視法を用いて，4・8・12 週齢の乳児各 5 人に 75％ 正答となるフリッカーの時間周波数を求めた．実験は 1 つの周波数条件について最低 40 試行実行された．その結果，各週齢グループごとに平均した閾値は，それぞれ 4 週齢で 40.7 Hz，8 週齢で 49.6 Hz，12 週齢で 51.5 Hz であった．

この結果から，乳児における臨界融合周波数（CFF），つまり 100％ のコントラスト変調（はっきりした明暗の差）による時間コントラスト感度関数（tCSF）の値は，ほぼ生後 2 ヶ月ごろすでに大人と同じ値になっていることがわかる．生後 2 ヶ月というのは視覚発達からいうと極めて早く，乳児の運動視（第 5 章参照），視力（第 1 章参照）など，さまざまな視覚能力の発達データとの比較で考えると，あまりにも早すぎるようにも思われる．実際，1990 年代に入ると，さまざまな形で刺激をより詳細に検討しつつ，リーガル（Regal, 1981）と矛盾するようなデータが次々と報告される．以下にそれらの報告を紹介する．

▶ コントラストを下げ点滅を遅くするとチラツキは見えにくくなる

リーガル（Regal, 1981）の実験は，いわば 100％ のコントラスト変調（はっきりした明暗の差）を用い，しかも高周波領域（速いフリッカー）に対する感度を調べたものだった．つまり，非常に検出しやすい条件を設定していたのである．

これに対し 1990 年代に入ると，もっとコントラストを落とした，暗い灰色と明るい灰色の点滅を用いて，詳細な検討が行われるようになってきた．つまり，ストロボのようなはっきりと明るいものと完全な暗闇といったものの点滅のチラツキ感度の限界を調べるのではなく，コントラストを操作することで見るのが難しい条件をつくりだし，実験条件を厳密に制御した実験が行われるよ

うになったのである.

　D. Y. テラーらは，コンピュータモニタ（ブラウン管の CRT モニタ）を使った実験を行っている（Teller et al., 1992）. 現在でもリフレッシュレート（1 秒間に何回，モニタ画面が書き換えられているかの値）が鍵となる運動視実験では，液晶ではなくブラウン管の CRT モニタが使われる. テラーらはリフレッシュレートが 66 Hz のモニタを使って実験を行っている.

　左右半分の領域の一方を一様な明るさの領域とし，他方を 1, 2, 4, 7.5 Hz の 4 種類の速さ（時間周波数）でコントラストを変化させ，2 ヶ月齢の乳児が変調をかけた側に選好を示すかどうかを，75％ の正答率を基準に強制選択選好注視法で検討している. 先に示したように，乳児は変調によるチラツキが見えたとしたら，そちらに選好を示すはずである. その結果，約 50％ 程度のコントラスト変調が乳児の選好には必要であることが明らかとなった.

　この 50％ という値は，時間周波数 10 Hz 前後で変調するパタン（1 秒間に 10 回明暗点滅するパタン）で大人がチラツキを感じるのに必要なコントラストが，たったの 1％ 程度であること（Kelly, 1971）を考えると，極端に悪い値であることがわかる. つまり，リーガル（Regal, 1981）によって行われた，違いのはっきりした完全な白黒 100％ のコントラストで求めたチラツキの感度である臨界融合周波数（CFF）の結果と比較すれば，遅くてはっきりしない明暗の点滅の検出は，2 ヶ月齢の乳児にはきわめて難しいということを意味している.

　同様の結果は，脳波を用いた実験でも 1970 年代に既に報告されていた. J. アトキンソンら（Atkinson et al., 1979）は，時間周波数を 10 Hz に固定したフリッカーを用いて，9 週齢の乳児におけるさまざまな空間周波数ごとのコントラストの閾値を検討した. つまり，どのくらいの縞の細かさで，どのくらい明暗のわかりにくい点滅まで検出できるかを調べたのである. その結果，最もよい値（小さいコントラスト）を引き出せたのは空間周波数 0.2 c / deg と 0.5 c / deg のときで，コントラスト 15％ という値であった. これはテラーら（Teller et al., 1992）の 50％ という値に比べればよい値（コントラストの差が小さい，つまり明暗がそれほどはっきりしなくてもチラツキがわかる）であるが，やはり生後 2 ヶ月

での中周波数領域(チラツキの頻度が中程度のどちらかと言うと遅いとき)における時間コントラスト感度関数は未成熟であるとの結論は正しいものと思われる.

この結論は,どうやらもう少し月齢の進んだ乳児においてもあてはまるようである.E.E.ハートマンとM.S.バンクス(Hartmann & Banks, 1992)は,0.1 c/degの領域が1,5,20 Hzで変調する際の,6週齢と12週齢の乳児のコントラスト感度を検討した.その結果,最もよい感度を引き出したのは,両週齢の乳児とも成人よりもやや遅い5 Hzのときの刺激で,そのコントラストは,6週齢では30%,12週齢でも15%で,成長するに従い小さなコントラストでも知覚が可能となることがわかった.また,W.H.スワンソンとE.E.バーチ(Swanson & Birch, 1990)では,0.35 c/degと1 c/degの小さな格子縞を用いて,4ヶ月齢と8ヶ月齢の乳児の,さまざまな時間周波数におけるコントラスト感度を調べた.その結果,4ヶ月齢の最もよい値は,2 Hzと4 Hzと比較的遅いときで20%のコントラスト,8 Hzや17 Hzと速くなるとほぼ100%のコントラストが必要であった.8ヶ月齢の最もよい値でも10%程度のコントラストが必要であり,成人の1%と比べると感度が悪いことがわかる.さらにK.R.ドブキンスとテラー(Dobkins & Teller, 1996)も,データから外挿される臨界融合周波数(CFF)の値は,ほぼリーガル(Regal, 1981)と同じ値を得てはいるものの,3ヶ月齢の乳児の時間コントラスト感度関数(tCSF)は依然として未成熟であることを報告している.

以上いくつかの先行研究を検討してみると,いずれも,リーガル(Regal, 1981)の報告とは異なり,乳児における時間変調パタンへの感度は,生後2,3ヶ月においてのみならず,8ヶ月ごろであっても未成熟であるとの結果が報告されている.

3 時間コントラスト感度を調べるための洗練された実験方法

▶ 選好と回避を同時に扱う

以上の矛盾は,もちろん,検討している刺激やパラメータの違いに帰着する

部分もあるとは思われる．たとえばリーガル（Regal, 1981）は，コンピュータモニタを使用しないで現実の物体を刺激として用いているなど，手続きに関する違いも，気になるところではある．

こうした懸念を解決し，乳児の時間コントラスト感度関数（tCSF）を，その手続きや刺激に関して，より慎重かつ詳細に検討したものがT. A. ラセンガンら（Rasengane et al., 1997）である．ラセンガンらは，基本的には従来と同じように，モニタの一方の側にターゲットである明暗のチラツキがある刺激（明⇒暗⇒明⇒暗⇒……と1秒間に何回も明るさが変化する）を，もう一方に灰色の一様な画面を呈示し，この2つの刺激の弁別能力を，2-4ヶ月齢の乳児を対象に検討したのである．

時間コントラスト感度関数の測定では，明暗変化の速さ（1秒間に何回明暗が変化するか：時間周波数）を横軸にとり，コントラストの大きさを縦軸にとって，どの「速さ」のときに，どれぐらいの大きな明るさの変化があれば，検出できるのかを測定する．ただし，従来のやり方に比べ，より念入りに計画されていることは，以下の3点の特徴からもわかるだろう．

① 明暗が変化するターゲットの位置を左側に固定し，ターゲットが出ている試行と出ていない試行を用意して，実験者がターゲットの有無を判断する手続きを取る．

② 明暗の変化を緩やかにする（明暗変化のテンポは同じでも，切り替わりの瞬間の変化を緩やかにし，急に明るくなったり暗くなったりしないようにする）．

③ 乳児の注視行動を判断する際，判断した実験者の確信度をとる．

この中で，特に①は，今までの乳児の選好注視法を用いた実験では考えられない方法である．一般的な選好注視法は，ターゲット（この実験の場合は明暗が変化する側）が，左右のどちらに出ているかがわからないようにし，乳児の顔や目の動きから，ターゲットの左右を実験者が判断することで成り立っている．これに対し，正解が常に片側に固定されているとしたら，左右の判断はわざわざする必要がなくなるのだ．なぜ，このような方法を用いたのだろうか．

それは，後に詳しく説明するが，「選好」と「回避」を同時に扱うためであ

る．そもそも，好きでも嫌いでも，乳児にとって刺激を弁別していることには変わりがない．好きか嫌いかにこだわることなく，注視行動の偏りをみよう，そう考えたのである．

さらにこの実験では，刺激の細かい箇所にまで，気配りがなされていた．たとえば，①普通に使われているよりも，より速く明暗の変化を呈示できる性能のいいモニタを用いた（市販のものは1秒間に80回程度が限界であるが，ここでは200回まで対応できるものを用いた），②明暗が変化するターゲット領域と，一様な灰色の領域との境界を，ぼやけさせてわかりにくくし（こうすることで，乳児が領域の「境界」に注目して区別してしまうことを防ぐことができる），さらには，③モニタ周りを白いボードで覆い，暗い部屋で乳児の反応を記録するために，赤外線ランプを照射し，④乳児の顔にあたるこの赤外線光が手がかりとなって実験者がターゲットを特定できないよう，カメラと光源の前には赤外線フィルターを設置する，などの配慮を行ったのである．このように，さまざまな点において，ラセンガンらの研究は，配慮が行き届いたものであることが理解できるだろう．

この実験をユニークにしているのは，先にも述べたように，選好注視法で常に同じ位置にターゲットを呈示していることにある．この実験では，あらかじめターゲット刺激が左側に出ることが知らされており，実験者は当該の試行が，左側にターゲットが出ているのか，あるいは左側にターゲットは出ず，両側に一様な灰色のパタンが生じているかだけを判断する．つまり，それぞれの試行が，ターゲットを含む試行なのか，ターゲットを含まず左右に同じものが出ている試行なのかを，被験者の行動から強制的に判断するという方法がとられたのである．

ヘルドらによれば，乳児の視力測定において，閾値付近の見えにくい弱いコントラストを呈示した場合，通常みられるターゲットである縞刺激に対する選好が消失し，むしろ回避の傾向がみられることを報告している（Held *et al.*, 1979）．つまり，ハッキリと見える際には好んで注視される縞刺激も，薄くなって見えにくくなると，逆に見るのが回避されるというのである．実際，ラセ

第 4 章　時間的な変化を見る

ンガンらの実験でも，事前のパイロット研究において，ヘルドらと同じことを確認している．つまり，閾値付近である 16 Hz の刺激（1 秒間に 16 回明暗を繰り返すパタン）に対して 3，4 ヶ月齢の乳児がターゲットを回避する傾向が観察されたというのである．

　もし，好んで見るという乳児の行動のみを指標として，実験者がターゲットの位置を推定してしまうと，嫌っているときは，「弁別していない」という判断を下してしまうことになる．しかし，実験者の課題が，ターゲットの左右位置の推定ではなく，ターゲットのあり／なしの判断であるとするならば，好んで見ているのか嫌って見ていないのかということを気にすることなく，「左右のどちらかに偏って見ているか」に集中することで，乳児の弁別を検討することができる．当然のことであるが，好んでいようと嫌っていようと，その刺激を，一様な灰色パタンとは違うものとして弁別していることに変わりはない．こうして，やや変則的ではあるが，よく考えられた方法で，乳児における明暗パタンの識別能力を検討したのである．

▶ ローパス型からバンドパス型へ──時間周波数の発達的変化

　図 4-1 に示したものが，2-4 ヶ月齢の乳児を対象とした実験の結果である．比較のために，大人のデータものせてある．横軸が，刺激の時間周波数（1 秒間に何回明暗を繰り返したか），縦軸が，コントラスト感度の閾値の逆数である．つまり，縦軸の値が大きいほど（グラフの中で上に行くほど），識別能力が高いということを意味している．

　2 ヶ月齢では，グラフは右下がりとなり，最も感度がよかったのがゆっくりした 1 Hz のときの 20% であった．また，16 Hz の刺激に対して反応した乳児は，10 人中 1 人のみで，32 Hz では，最大コントラストである 70% のフリッカーであっても乳児の反応はみられなかった．

　しかし，3 ヶ月齢になると，最大感度の時間周波数はやや速く 4 Hz へと上昇し，その際のコントラストの値も 10% まで下降した．11 人中 2 人が 16 Hz に反応し，32 Hz には誰も反応しなかった．

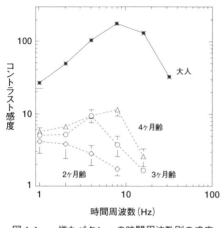

図4-1 一様なパタンへの時間周波数別の感度

4ヶ月齢になると,さらに最大感度の時間周波数はより速く8Hzまで上昇し,その際のコントラストの値は10%であった.32Hzの刺激には,4ヶ月齢の乳児12人のうち誰も反応しなかった.

これらの結果から,2ヶ月齢の乳児にとって最も見やすい明暗変化の速さは,1秒間に1回程度の比較的遅いときであるが,1秒間に16回や32回などの速い明暗変化はほとんど識別できないということが読み取れる.しかし,3ヶ月齢,4ヶ月齢と発達していくと,徐々に速い明暗点滅が見えるようになっていき,1秒間に8回程度の比較的速いパタンが,最も見えやすい刺激になってくるようである.

時間コントラスト感度関数(tCSF)の関数形は,2ヶ月齢では,横軸がある値を超えると,急速に感度が悪くなる,いわゆるローパス型(低い周波数のみに感度がある)をしているものが,3ヶ月齢,4ヶ月齢と発達していくにつれ,バンドパス型(特定の周波数で感度が最もよい山型)に変化していることがわかる.言い換えれば,1,2Hz周辺の,遅い点滅に対する感度は2-4ヶ月齢で変化しないのだが,8Hz付近の中程度の速さの点滅に対する感度は,生後2ヶ月から4ヶ月にかけて急速に発達していくということでもある.また,100%コントラストの値における周波数である臨界融合周波数(CFF)を推定するために,関数を右下に延長し,横軸との交点を求めてみると,2ヶ月齢で13Hz,3ヶ月齢で20Hz,4ヶ月齢で22Hzであった.

おもしろいのは,4ヶ月齢において,最も感度がよかった8Hzという時間周波数は,同じ条件で行った大人を被験者とした実験においても,最も感度のよい周波数であったという点である.

もちろん，そのコントラスト感度においては，4ヶ月齢では大人の10分の1以下という依然として悪い値ではある．しかも大人は32 Hzの条件であっても，わずか3％のコントラストのフリッカーを検出することが可能であった．しかし，最大感度の時間周波数の値（フリッカーの点滅の速さ）が，2ヶ月齢から4ヶ月齢へと発達するに従って，大人と同じになるということは，なんらかの時間周波数検出のメカニズムが，大人と同じになるということを示唆している．

4 時間コントラスト感度の発達

▷ 中程度の時間変化のチラツキを見る発達が一番遅い

さて，これまでの時間コントラスト感度関数（tCSF）の結果を比較してみよう．ラセンガンらの結果を含めた過去の研究を，すべてまとめたものが図4-2である．すると，ラセンガンの結果は過去の3つの研究（Swanson & Birch, 1990 ; Teller et al., 1992 ; Hartmann & Banks, 1992）のいずれのものよりもよく，1つのもの（Dobkins & Teller, 1996）よりは悪い値となっている．しかし，その違いは，手続きや刺激によるもので，それほど大きいものではない．問題は，リーガルの研究（Regal, 1981）との違いである．

リーガルの結果を，再度確認しておくと，臨界融合周波数（CFF）の値が，2ヶ月齢で大人とほぼ同じ50 Hz周辺の速さであったという結論だった．これは，ラセンガンらの結果をもとに推定された値の約2.5倍の周波数であり，「2ヶ月齢から4ヶ月齢の時間変調パタンに対する感度は，未成熟である」とする彼らの結論と矛盾している．この違いをどう考えればいいのだろうか．

まず，考えられるのは，装置や刺激の違いによって思わぬ高い値が得られた可能性である．先にも述べたように，リーガル（Regal, 1981）は，モニタの刺激ではなく，実物を用いて実験を行っている．コンピュータモニタでは呈示できないようななんらかの視覚的手がかりを乳児が用いていた可能性，あるいはまた，モーター音などの無関係な手がかりが選好をもたらした可能性なども考えられる．しかし，もし装置の問題ではなく，実験方法や刺激の違いによるも

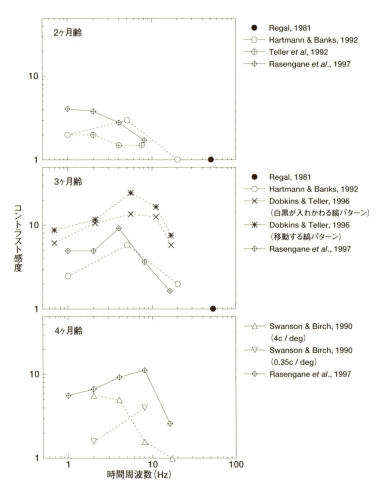

図 4-2 　2-4 ヶ月齢における時間コントラスト感度関数を測定した研究をまとめたもの

のだとしたら，何が理由として考えられるだろうか．

　1つ重要なポイントは，ラセンガンらの研究では，実際には100％コントラストの刺激は用いておらず，最大でも70％コントラストの明暗変化パタンであったという点だ．求められた臨界融合周波数の値は，あくまで推定されたものであり，実際に得られたものではない．従って同じ条件で試してみれば，リーガルの結果により近い値が得られたかもしれない．しかし，もっと興味深く，

積極的な解釈もありうる．それは，高時間周波数（速い点滅）で高コントラスト（はっきりした明暗差）の刺激に関しては，2ヶ月齢といった低月齢においてすでに完成しているが，低・中時間周波数の刺激（中ぐらい，もしくは遅い点滅）については，3，4ヶ月齢においてもまだまだ未完成である，とする考え方である．

この仮説は，テラーらの論文（Teller et al., 1992）でも触れられている．たとえば，皮質の発達が未熟である2ヶ月齢の乳児は，主に網膜や皮質下の反応系などの視覚システムの入口のみが機能しており，非常に速いフリッカーであっても，高いコントラストをもつものについては反応できるという可能性である．

おもしろいことに，明暗の点滅に対する網膜だけの反応に限っていうと，すでに新生児の段階で大人とほぼ同じ能力をそなえており，網膜の電気的な反応を調べた古典的研究によれば，その臨界融合周波数は72 Hzであることが知られている．この値は2ヶ月齢まで測定しても変化がなかった（Horsten & Winkelman, 1962, 1964）．

▶ チラツキの検出――皮質処理と皮質下処理

新生児の網膜が反応した72 Hzという値は，大人の場合でも考えられないくらい速い点滅であり，蛍光灯と同じくらいの，点滅が見えない速いパタンである．つまり，視覚の入口である網膜では検出できるチラツキも，処理が進んで皮質に到達するころには，さまざまな複雑な処理が加わることで，逆に検出できなくなる可能性が考えられるのである．同じように考えれば，2ヶ月齢の乳児は皮質が未発達であるがゆえに，逆に高い時間周波数のフリッカーに反応できたのかもしれない．その際，高いコントラストは，皮質下の反応を引きだすのに必要だったと考えるのである．その一方で，低・中時間周波数の，しかもコントラストの低いフリッカーについていえば，その検出には皮質の発達が不可欠なのかもしれない．

この仮説は，最も感度がよくなる時間周波数が，皮質の発達した4ヶ月齢に

おいてほぼ大人と同じなるというデータとも符合する．つまり，感度の絶対値などの「量」に関して言えば，4ヶ月齢ではまだまだ大人には及ばないが，最適な時間周波数という「質」については，皮質の発達によって，4ヶ月齢で既に大人と同じになっていると考えるのである．

　こうした説明は，第1章でも説明した，空間周波数などを用いた縞視力の発達に関する説明を思い起こさせる．つまり，そのコントラスト感度の値自体ははるかに及ばないが，最も感度が高くなる空間周波数（縞の細かさ）の値は，生後1ヶ月から3ヶ月へとバンドパス型（特定の周波数に選択的に反応する山型）の曲線となり，その頂点は，5，6ヶ月ごろには大人のものと一致するようになる（第1章参照）．この発達変化は，第1章でも述べたように，基本的には皮質の発達によると考えられている．つまり，特定の空間周波数に特化して反応する検出器が発達することで，バンドパス型の形が現れてくるというわけである（Wilson, 1988）．

　視知覚研究が教えるところによれば，実際にはこの検出器は，空間的な情報を取りだすのみならず，時間的な変化も取りだすものと考えられている．したがって，時間周波数を変化させその能力を測定した際，空間周波数のときと同様に，4ヶ月齢ごろに最適周波数が大人と同じになるということは，納得のいく考えだということになる．

　以上を簡単にまとめてみよう．生後2ヶ月前後までの低月齢の時期においては，皮質がそれほど機能せず，主に皮質下のみが機能している．その結果，十分なコントラストをもった刺激であれば，非常に高い時間周波数（速い点滅）のものであっても，反応することが可能となる．この理由としては，皮質が機能していないため，網膜といった低次の視覚システムそのものの能力が反映されたことによるのかもしれない．そして，3ヶ月齢，4ヶ月齢と皮質が発達してくるにつれ，コントラストを得る量的な能力については未熟であるものの，どの時間周波数に最適に反応するかという質的なものについては大人と同じ能力を獲得する．この発達は，皮質における，時空間フィルターの基礎的な構成

が，4ヶ月齢で大人と同様のものになることにより可能になっていると考えることができる．

このように，動きを見る基本的能力である明暗変化の検出と，形を見る基本的能力である細かい縞の検出の2つの基本的能力は，生後2ヶ月から4ヶ月ごろにかけて発達する．この発達を支えているのは，おそらく視覚皮質のシナプスの発達による抑制の発達だろう．その結果，複数の人や物体が重なりあいながら動きまわるこの現実世界を認識するのに必要な基本的道具を，乳児は手に入れるのである．

5 時間と色コントラストの統合

▷ 色とフリッカーの統合

ここまで乳児におけるチラツキの変化（明るさの変化）の感度について述べてきたが，このチラツキ感度は，「動いているもの」や「色の変化」についても拡張することができる．最後に，私たちが近年行った実験を紹介して本章を終わることにしよう．

前述のように，蛍光灯は明るくなったり暗くなったりしているが，実際にはその変化の速さが1秒間に100回程度（100 Hz）と非常に速いため，私たちはその変化に気がつかない．これがチラツキ感度である．また，変化の速さを固定したときに，「どのぐらいの明るさの変化であれば気がつくのか」という数値が，この章で扱ってきた「時間コントラスト感度」ということになる．

この「明るくなったり暗くなったり」を色に置き換えてみる．例えばある光源が，明るさは同じではあるものの，緑→赤→緑→赤→緑→……と周期的に変化している場合を考える．すると，変化が遅い場合は，緑と赤という違う色がはっきりと見えるが，変化が速くなると，緑と赤が混じり合い，黄色が見える．このように色が区別できなくなる限界は，大人ではおおよそ20 Hz程度となっている．つまり，赤と緑が1秒間に20回の速さで切り替わると，色が混じって黄色に見えるということになる．

おもしろいのは，色領域が動いているときには，もっと速くフリッカーしていても色が統合されずに分離して見えるという現象である（Nishida *et al.*, 2007）．つまり，大人の場合であれば，通常，25 Hz を超えるような速い赤と緑の変化であれば，混じり合って黄色に見えるはずであるが，緑と赤の領域が動いているような場合は，混じり合わず，そのまま緑と赤が分離して見えるのである．これは，「色のフリッカーが見える限界の速さ」が動きによって促進され，閾値が上昇しているため，と言えるだろう．

▷ 乳児の色の融合限界

では，この動きによる閾値の上昇は乳児にも見られるのだろうか．私たちは，大人で観察された緑と赤の交替が見える融合限界を，止まっているときと動いているときとで比較検討し，大人と同じ動きによる「促進」が見られるかどうかを検討した（Yang *et al.*, 2015）．

口絵5をご覧いただきたい．aの左側の2列（ターゲット領域）には1つおきに緑と赤の横棒が，右側の2列（非ターゲット領域）には同数の黄色の横棒が配置されている．b（motion 条件）のときは，左右の2列の横棒がそれぞれ上下に動く．時間が進行するに従い，横棒が下方向（もしくは上方向）に少しずつ動いていき，5フレームごとに，上（もしくは下）から来た横棒が最初の位置に重なる．c（flicker 条件）のときは，動かずに同じ場所で，緑→赤→緑→赤……とフリッカーする．すべての横棒の縦方向の位置（Y 座標）は変化しないが，時間的には緑→赤→緑→赤……とフリッカーしている．このフリッカーが一定の速さ（例えば20 Hz）を超えると，視覚系は緑と赤を分離できないため，緑と赤は混じり合って黄色が知覚される．目が動いてしまうことを防ぐ目的で，刺激画像の呈示時間は500ミリ秒とした．

重要なのは動いている場合を説明するbである．この場合，aの左側のように緑と赤が交互に配置されたものが単に下方向に動いていくが，bを横方向に網膜上の同じ位置で見てみると，cと同じタイミングで緑と赤が交替して変化していることがわかる．つまり，もし網膜から入ってくる情報を分離する能力

第 4 章　時間的な変化を見る

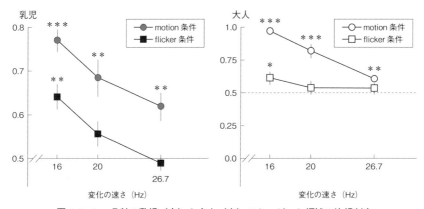

図 4-3　5 ヶ月齢の乳児（左）と大人（右）のターゲット領域の注視割合
乳児は，色領域が移動する motion 条件ではいずれの速さでも有意に高くターゲットを注視しているが，色領域が移動せず点滅するだけの flicker 条件では 20 Hz を超えるとターゲットを有意に注視はしなくなっている．大人も，手続きは若干異なるものの，結果はほぼ乳児と同じである．

が 20 Hz と固定されているのであれば，b の場合も c の場合も，緑と赤が分離して見える切り替え速度は同じはずである．しかし，先にも簡単に説明したように，動いている b のほうが，速いタイミングの切り替えにしないと，赤と緑が分離して見えるのである．

乳児は 5 ヶ月齢である．もし乳児に赤と緑が分離して見えていれば，一様に配置された黄色よりは目立つ領域となるため，ターゲット領域への選好注視が観察されるはずである．逆に，赤と緑がすばやく交替し重なることで黄色しか見えないとすると，選好注視は観察されないはずである．比較データとして大人には，「どちらが赤と緑ですか」に口頭で答えてもらった．乳児の結果が図 4-3 左，大人の結果が右である．横軸が網膜上の同じ場所において緑と赤がどれぐらい速く交替して呈示されているか（Hz）であり，縦軸が赤と緑が分離して見えている割合と考えればよいだろう．チャンスレベルに比べ，どの程度有意にターゲット領域を見ているのか（言い当てているのか）を「*」の数で表現している．

結果は明白で，乳児も大人と同様に，静止して点滅している flicker 条件では 20 Hz で赤と緑が分離できなくなっているにもかかわらず，色領域が移動し

ている motion 条件では 20 Hz でも 26.7 Hz でも赤と緑が分離して見えている．つまり，大人を対象に先行研究で報告された「動きによる促進」が，5ヶ月齢の乳児にも観察されたのである．

▶ フリッカー融合システムの発達

すでに，明暗の変化に対する時間コントラスト感度の発達は，おおむね生後2～4ヶ月ごろであることを説明した．大人と比べた場合，生後5ヶ月ごろの乳児であったとしても，そのコントラスト感度の量的な違いはまだまだ大きいことは繰り返し説明してきたとおりである．しかし，視覚システムの質的な発達については，おおむね生後5ヶ月ごろに向けてまずは発達してくることが多い（第1章，第2章，第5章を参照）．色を分離して見る能力についても同じことが言えるだろう．というのも，緑と赤を分離する仕組みが動きによって促進される点が，大人同様，5ヶ月齢の乳児にも観察されたからである．どのようなメカニズムによってそれが可能であるのかは未だ不明ではあるが，色の変化を捉える仕組みと動きを知覚するメカニズムは相互に関連しており，生後5ヶ月ごろに発達する様々な知覚検出器の発達によってこの促進が可能になるのだと考えられる．それが単一のメカニズムによるのか，あるいは色と動きといった異なるモジュール間の統合によって可能になるのかは，今後の検討を必要とする課題である．

引用文献

Atkinson, J., Braddick, O., & French, J. (1979). Contrast sensitivity of the human neonate measured by the visual evoked potential. *Investigative Ophthalmology & Visual Science*, **18** (2), 210-213.

De Lange, H. (1958). Research into the dynamic nature of the human fovea cortex systems with intermittent and modulated light. I. Attenuation characteristics with white and colored light. *Journal of the Optical Society of America*, **48**, 777-784.

Dobkins, K. R., & Teller, D. Y. (1996). Infant contrast detectors are selective for direction of motion. *Vision Research*, **36**, 281-294.

Hartmann, E. E., & Banks, M. S. (1992). Temporal contrast sensitivity in human in-

第4章　時間的な変化を見る

fants. *Vision Research*, 32, 1163-1168.
Hecht, S., & Schlaer, S. (1936). Intermittent stimulation by light. IV. The relation between intensity and critical frequency for different parts of the spectrum. *Journal of General Physiology*, 19, 965-979.
Held, R., Gwiazda, J., Brill, S., Mohindra, I., & Wolfe, I. (1979). Infant visual acuity is underestimated because near threshold gratings are not preferentially fixated. *Vision Research*, 19, 1377-1379.
Horsten, G. P. M., & Winkelman, J. E. (1962). Electrical activity of the retina in relation to histological differentiation in infants born prematurely and at full-term. *Vision Research*, 2, 269-276.
Horsten, G. P. M., & Winkelman, J. E. (1964). Electro-retinographic critical fusion frequency of the retina in relation to the histological development in man and animals. *Documenta Ophthalmologica*, 18, 515-521.
Kelly, D. H. (1961). Visual responses to time dependent stimuli. I. Amplitude sensitivity measurements. *Journal of the Optical Society of America*, 51, 422-429.
Kelly, D. H. (1969). Flickering patterns and lateral inhibition. *Journal of the Optical Society of America*, 59, 1361-1370.
Kelly, D. H. (1971). Theory of flicker and transient responses, I. Uniform fields. *Journal of the Optical Society of America*, 61, 537-546.
Nishida, S., Watanabe, J., Kuriki, I., & Tokimoto, T. (2007). Human brain integrates color signals along motion trajectory. *Current Biology*, 17, 366-372.
Rasengane, T. A., Allen, D., & Manny, R. E. (1997). Development of temporal contrast sensitivity in human infants. *Vision Research*, 37 (13), 1747-1754.
Regal, D. M. (1981). Development of critical flicker frequency in human infants. *Vision Research*, 21, 549-555.
Teller, D. Y., Lindsey, D. T., Mar, C. M., Succop, A., & Mahal, M. R. (1992). Infant temporal contrast sensitivity at low temporal frequencies. *Vision Research*, 32, 1157-1162.
Tyler, C. W. (1985). Analysis of visual modulation sensitivity. II. Peripheral retina and the role of photoreceptor dimensions. *Journal of the Optical Society of America A*, 2, 393-398.
Swanson, W. H., & Birch, E. E. (1990). Infant spatiotemporal vision : dependence of spatial contrast sensitivity on temporal frequency. *Vision Research*, 30, 1033-1048.
Wilson, H. R. (1988). Development of spatiotemporal mechanisms in infant vision. *Vision Research*, 28 (5), 611-628.
Yang, J., Watanabe, J., Kanazawa, S., Nishida, S., & Yamaguchi, M. K. (2015). Infants' visual system nonretinotopically integrates color signals along a motion trajectory. *Journal of Vision*, 15 (1): 25, 1-10.

第5章　動きを見る

1　いつから動きが見えるのか

▷ 低月齢競争を超えて

　赤ちゃんはいつごろから動きを見ることができるのだろうか.

　乳児の知覚研究は, どのようなトピックであっても, しばしば,「低月齢競争」になる傾向にある. つまり,「こんなに小さい赤ちゃんでも〇〇ができる」ということを示すことができた研究に, どうしても人々の注目が集まる傾向があるのだ. その最たるものが, T. G. R. バウアーの一連の研究だろう. 日本においても, 彼の著書 "*The Rational Infant*"（Bower, 1989）が『賢い赤ちゃん』と翻訳され, このキャッチフレーズとともに, それまで無力だと思われていた乳児のイメージがひっくり返されたことで, バウアーの研究は多くの人々の知るところとなっている.

　彼が行った多くの研究の中でも最も知られているのが, 本章でもとりあげている, 運動刺激に対する防御反応の研究だろう. バウアーらは, 生後数日（たとえば6日程度）の新生児が, 拡大運動する視覚パタンや近づいてくる物体に対し, 頭をそらすなどの防御反応を示すと主張した（Bower *et al.*, 1971）. 当時, 目が見えているかどうかもわからないと思われていた新生児が, 運動情報を知覚しているということを示唆するこのデータは, まさに「賢い赤ちゃん」を象徴するものと言えるかもしれない. が, その後さまざまな形で批判がおこり, 現在では「生後すぐ」という点は修正されている（Nanez, 1988 ; Yonas *et al.*, 1979）. また,「防御反応」と思われた行動は, 実は, 拡大パタンの上の輪郭線を注目し続けることでおこる, 見かけ上の行動であるとの議論もなされている. さらに, 頭をそらすという行動よりも, まばたきの回数の変化などに注目した

ほうが，よりよい指標であるとの議論もある（Yonas *et al.*, 1977 ; ただし，その反論は Bower, 1977 を参照のこと）．ここでは，その詳細についてはふれないが，いずれにせよ，3, 4 週齢の乳児が，なんらかの意味で，拡大運動に対して反応する，という点だけを確認するにとどめておこう．

▶ 動きを見る能力の発達段階

　新生児はともかく，1 ヶ月齢の乳児であったとしても，運動刺激に対して反応するということは，たいへん衝撃的な事実である．バウアーのデータからするなら，運動情報はすでに 1 ヶ月齢の乳児において知覚されている，との一足飛びの一般化を行いたくなる．しかし，以下で詳細に検討するが，多くの実験データが示すところによれば，局所的な運動ではなくて全体的な大域的な運動に対する反応は，生後 1 ヶ月半から 2 ヶ月ごろにならないと発達しないというのが定説である．これらのデータと，たとえばバウアーに始まり，後に A. ヨナスらによって修正された，拡大運動への感度が生後 3, 4 週で発達するとのデータは，統一的には理解しにくい．運動情報だけで動きを検出するかを調べるためのランダムドットなどを用いた運動パタンへの感度を示さない乳児が，どのようにすれば，近づいてくる動きの基本的な情報である拡大運動を検出し，まばたきなどの行動を行うことができるのだろうか．それとも，拡大運動パタンは他の運動情報とは異なる性質をもつものなのだろうか．

　このように考えを進めると，「運動の検出」という単一の能力がどれぐらい早くに発達するのか，と単純に考えることはほとんど意味がない問題設定であることがわかる．そして重要なこととして，そもそも運動情報と一口に言っても複数の種類があり，またその処理メカニズムにも単一のシステムではなく，段階的なものを想定する必要に迫られるわけである．

　そこでこの章では，運動視の発達を，大きく 2 つの段階の発達として考えていく．その 2 つとは，まずは，生後 2 ヶ月ごろに生じる一次視覚野（V1）などの基本的な視覚皮質の発達であり，もう 1 つは，生後 4, 5 ヶ月ごろに生じ，空間視や形態視の能力へとつながる，より高次な視覚皮質の発達である．この

最初の発達段階以前,すなわち2ヶ月齢以下の乳児においては,主に皮質ではなく皮質下の機能によっていることも,あわせて考えていく.以下,これらの仮説的な区分をサポートする多くの先行研究,ならびに筆者らが行ってきた研究を紹介し,この2段階で獲得される能力と,運動視以外の他の能力との関係もあわせて考えていくことにしよう.

2 皮質がはたらく前の運動視

▶ 拡大運動パタンへの防御反応

生後1ヶ月ごろの乳児が示す運動視にかかわる典型的な能力には,主に2つのものがある.1つは,先にもふれた近づくほど大きくなる拡大運動パタンに対するいわゆる防御反応の出現であり,もう1つは,視運動性眼振(optokinetic nystagmas:OKN)とよばれる眼球運動を指標とした,運動視への感度の上昇である.まずは,拡大運動への防御反応を調べたバウアーに始まる研究の「最後」に登場した,アリゾナ州立大のJ.E.ナネツの実験を紹介してみよう.

ナネツ(Nanez, 1988)は,背後を投影機で照らされた1.8m四方の巨大なスクリーンに,拡大したり縮小したりする影を呈示し,この影の動きに対する3-6週齢の合計80人の乳児の反応を観察した.乳児はスクリーンから約30cmの位置に座り,拡大パタンは,投影機の手前にダイアモンド型の遮蔽領域をもつプレキシグラスを接近させることで発生させた.

ここでは3種類の刺激を用いて実験が行われた.具体的には,①明るい背景に暗い影が拡大もしくは縮小する条件,②コントラストが逆転し暗い背景に明るい領域が拡大もしくは縮小する条件,そして,③投影機のシャッターを突然開くまたは閉じることにより,急激に明るさが変化する条件,の3つであった.その結果,①の「暗い影の拡大/縮小」条件では,拡大する場合にのみ,頭をそらす防御反応が観察されたが,コントラストを逆転させた②の刺激の場合は,拡大でも縮小でも,乳児は防御反応を示さなかった.つまり,拡大刺激に対する防御反応は,暗い影に対してのみ生じたのである.この点は,拡大刺激に対

する防御反応は，刺激の上辺の輪郭を注視し続けることによっておこるいわば副産物的なものであるとする仮説 (Ball & Tronick, 1971; Yonas et al., 1977) では説明しきれない．というのも，②の刺激であっても，輪郭は存在するからである．ナネツ (Nanez, 1988) は，暗い影の拡大に対してのみ，防御反応がおこる理由について，W. シフ (Schiff, 1965) の動物実験を引用しながら，「近づいてくる物体は，明るい空などの背景と比較するとつねに暗いから」と説明している．真に近づいてくる物体をよける動作として，「暗い影の拡大」を 3, 4 週齢の乳児が知覚しているとする仮説である．

しかし，困ったことに，乳児は③の刺激に対しても防御反応を示した．それも，明るい状態から暗くした場合と暗い状態から明るくした場合のいずれに対しても，であった．そこでナネツ (Nanez, 1988) は，すでにヨナスら (Yonas et al., 1979) の実験で用いられていた，瞬きの反応を指標にして，拡大と縮小に対する反応を調べたのである．刺激を呈示し終わった際に瞬きが生じた試行数の割合を計算したところ，①では拡大刺激に対して 50％ 前後の割合で瞬きが生じたのに対し，②の条件では拡大縮小とも 10％ 以下，③の条件では拡大縮小とも 20％ 程度であった．

これらの結果をまとめると，防御反応は暗い刺激の拡大に対してのみ生じ，また拡大刺激に対しては，防御反応よりも瞬目反応のほうが，より「対象の接近」に敏感な反応である，ということがいえるだろう．いずれにせよ，一連の研究で一貫しているのは，1 ヶ月齢以下の乳児が，拡大刺激を，たとえば縮小刺激から区別して，なんらかの知覚を行っているという点である．「賢い赤ちゃん」を主張したい人であれば，ここから「乳児は生後 1 ヶ月ごろから奥行き世界を認識している」と言いたいところであろうが，その仮説の検討は，本章において，他の多くの実験を検討し終わってからすることにしよう．

▷ OKN（視運動性眼振）反応の非対称性

もう 1 つ，1 ヶ月齢前後の低月齢の乳児が示す頑強な運動知覚の証拠として，方向性をもった運動パタンに対する OKN（視運動性眼振）反応がある．OKN

とは，運動する刺激を眼球がゆっくりと追従する相と，ある程度追従しきったところで運動している方向とは逆の方向に急速に眼球がもどる相を，交互に繰り返す眼球の動きのことである．この眼球運動の方向は，完全に運動の方向によって決まるため，方向性をもった運動パタンを知覚している強い証拠となる．乳児研究では，しばしばこの OKN が，運動知覚を検討する際の指標として用いられる．

OKN 反応は低月齢の乳児において多くの報告例がある．たとえば，新生児でも 40 deg / sec の高速なパタンにまで OKN 反応を示すことが，眼球の動きを電気的にモニタすることで示されている（Kremenitzer et al., 1979）．さらに，OKN 反応には興味深い特性があることがわかっている．乳児の片眼を眼帯などでふさいで，単眼での OKN 反応を調べてみる．すると 1 ヶ月齢ごろの乳児には，OKN 反応に強い非対称性があることがわかったのである．すなわち，乳児の片側の視野で見た際に，耳側から鼻側への動きに対しては明確な OKN を示すが，逆の鼻側から耳側への動きには OKN を示さない．おもしろいことに，この単眼での OKN 反応の非対称性は，生後 2 ヶ月ごろに消失する（Atkinson & Braddick, 1981 ; Naegele & Held, 1982）．

OKN の非対称性の消失という極めて不思議な過程の背景を，OKN の制御が皮質下から皮質へと切り替わることで説明しようとする考えが 1990 年代ごろまでにあった（Hoffmann & Schoppmann, 1975 ; Hoffmann, 1981 ; Distler & Hoffmann, 1992）．非対称性を示す生後 2 ヶ月以前の初期の OKN は，皮質下で制御されるある種の反射のようなものであり，その後皮質が発達するにつれて，鼻側・耳側どちら側からの運動刺激にも等しく反応できるようになると考えるのである．ところが近年，こうした考えに反駁する結果が出ている．たとえば非対称性を示す初期の OKN についても，視覚誘発電位（VEP）を用いて視覚刺激に対する脳活動を調べたところ，皮質性の反応がみられること（Norcia et al., 1991）が判明している．また 5 ヶ月齢ごろになっても，92 deg / sec という高速な刺激を呈示して OKN 反応を調べた場合，低月齢の乳児と同じように OKN 反応の非対称性がみられることが知られ（Mohn, 1989），OKN 反応の非

対称性における皮質下から皮質への移行については疑問視されてきている (Braddick et al., 1992). とはいえ，ノルチアら（Norcia et al., 1991）の研究においても，初期のOKN反応の非対称性が生後25週にはかなりの程度減少することを追試報告しており，その反応のすべてが皮質下のみによって制御されているというのは言い過ぎにしても，なんらかの意味で皮質の発達がOKN反応の非対称性の消失にかかわっていることは間違いないと思われる．ここでは，皮質の発達が未熟である1ヶ月齢前後の低月齢の乳児において，OKN反応の非対称性が広く観察されるという点をとりあえず確認しておくことにしよう．1ヶ月齢以降，5ヶ月齢近くまでの乳児において，このOKN（視運動性眼震）を指標とした運動視の能力がどのように発達していくのかは，第6章を参照されたい．

3　方向性をもった運動への感度の発達

▶ 生理的指標——視覚誘発電位（VEP）による感度の計測

視覚刺激に対する脳活動を調べる視覚誘発電位（VEP）反応は，乳児の脳波を計測する主な方法で，主に一次視覚野（V1）や二次視覚野（V2）などの皮質の神経活動を捉えることができると考えられている．したがって，運動視における刺激の処理が，皮質によるものなのかを決定する方法として，視覚誘発電位を用いることは妥当なものである．

視覚誘発電位には，反応が1秒以上の長い時間にわたって生じ，その1回ごとの波形そのものを問題にする一過性の（transient）視覚誘発電位と，短い時間で生じるものを周期的に繰りかえし，その周期と同調した周波数のパタンの有無を調べる定常型の（steady-state）視覚誘発電位の2種類がある（Atkinson, 2000）．通常，乳児の運動視における視覚誘発電位反応は，繰り返し多数のデータをとるため，よりノイズに強い後者の定常型のものが用いられる．以下にその代表例であるJ. ワッタンベル（Wattam-Bell, 1991）の研究を紹介しながら，乳児の方向性をもった運動（directional motion）に対する皮質性の反

応が，いつごろ生じるのかを検討してみよう．

　ワッタンベル（Wattam-Bell, 1991）では，ランダムドットを用いて，240 ms ごとに方向が切り替わる上下の往復運動パタンを作成した．視覚誘発電位は視覚刺激に反応して活動する電気信号を拾うものである．ここで単純に考えれば，電気信号が1秒間（600 ms）に約4回（正確には4.16回）発せられていれば，この乳児の皮質は運動方向の切り替わりに反応している，と考えることができる．しかし，乳児の脳は，運動方向の切り替わりに反応したのではなく，ただ単にランダムドットのパタンが変化したことに反応したのかもしれない．そこで，240 msのちょうど真ん中に，運動方向は変わらないけれども，ランダムドットのパタンを完全に入れ替えるということを行い，この「パタンの入れ替え」に対する反応と，運動方向の切り替わりに対する反応を比べ，後者が強ければ，運動方向に反応していると考えるのである．

　具体的に手続きを説明すると，運動方向を240 msごとに右から左へと切り替え，さらにこの240 msのちょうど中間の120 msで，運動方向はそのままで，ランダムドットのパタンを入れ替えるということを行う．運動方向が切り替わるときには，同時にランダムドットの入れ替えも起こっていることになるので，結局トータルでみれば，120 msごとにドットが入れ替わり，その2回に1回，すなわち240 msごとに運動方向が切り替わることとなる（図5-1）．そこで，1秒間に約8回（正確には8.33回）おこる反応と，1秒間に約4回（正確には4.12回）おこる脳活動の反応を比較し，後者の成分こそが，運動方向の変化に対する皮質の反応であると考えるわけである．実験の際には，運動の速度も操作し，得られた電気信号を刺激の開始時間でそろえて重ね合わせ，その波の形を分析することで，何Hzの成分がどの程度強く現れているかを明らかにした．そして，8.33 Hz成分（パタンの変化）と4.12 Hz成分（運動方向の変化）を比べたのである．

　結果は，次のようなものであった．方向の切り替えに対する皮質の有意な反応は，5 deg / secという比較的遅い速度の運動刺激に対して生じ，それは平均して74日齢になってはじめて観察された．また，20 deg / secという比較的速

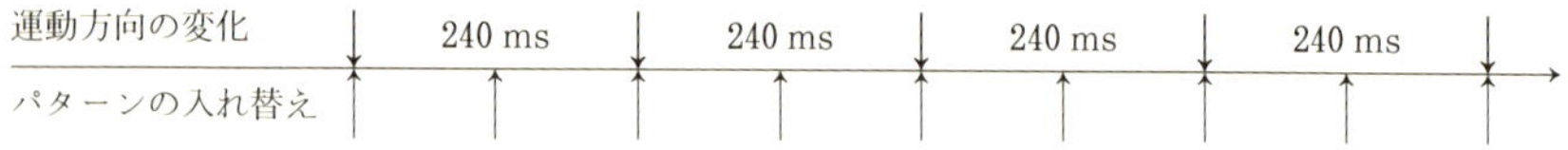

```
運動方向の変化    |  240 ms  |  240 ms  |  240 ms  |  240 ms  |
パターンの入れ替え |          |          |          |          |
```

図 5-1 視覚誘発電位を用いた実験（Wattam-Bell, 1991）での刺激切り替えのタイミング

い速度の刺激に対する反応は，89 日齢になってようやく観測された．ちなみに，大人で同じ視覚誘発電位の計測をすると，20 deg/sec という速い速度の動きに対する反応のほうが，5 deg/sec という遅い速度の動きに対する反応より大きくなる．したがって，皮質における運動視の発達は，単純に刺激に対する皮質の反応が大きくなっていくというようなものではなく，まずは遅い運動を処理するシステムが発達し，続いて速い運動を処理するシステムが発達する，ということが言える．そのタイムラグが，2 週間以上ある，ということはたいへん興味深いところであるが，なぜこうしたラグが生じるのかをうまく説明できるモデルは未だない．しかし少なくとも，方向性をもった運動パタンを処理する皮質のシステムが，生後約 10 週前後に発達する，という結論には，ほぼ間違いがないだろう．その皮質とは，おそらく一次視覚野（V1）もしくは二次視覚野（V2）を中心とする領域であると推定することができる．この結論は，異なる刺激を用いた別の視覚誘発電位研究においても，ほぼ同じであることが確認されている（Norcia et al., 1991）．

▶ 行動的指標――選好注視法による感度の計測

では，行動を指標とした方向性をもった運動パタンへの感度は，いつごろ発達するのだろうか．

行動を指標とする運動刺激への感度発達研究は，強制選択選好注視法（FPL 法）が確立される以前の 1970 年代から，選好注視法を用いて行われてきた．よく知られているように，乳児は動きに対して強い選好を示す．つまり，動いているものと止まっているものを対で呈示すると，乳児は動いているほうを好んで見る．初期の運動視研究には，この性質をうまく利用し，動いている市松模様と止まっている市松模様を対で呈示し，どの程度の速度で動かせば，乳児

第 5 章 動きを見る

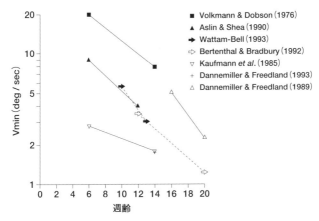

図 5-2 選好注視法による運動刺激への感度発達研究をまとめたもの

黒い四角は市松模様(Volkmann & Dobson, 1976), 黒い三角は縞パタン(Aslin & Shea, 1990), 黒い矢印はランダムドットによる分化 (segregation) (Wattam-Bell, 1993), 白い矢印はランダムドットによる速度勾配つきの剪断運動 (Bertenthal & Bradbury, 1992), 白い三角と十字は振動 (往復運動) するバー (Dannemiller & Freedland, 1989, 1993).

の選好注視を引きだすことができるかを検討したものなどがあった (Volkmann & Dobson, 1976). その後も, バーやドットなど, さまざまなパタンを使って, 「どのくらいまでならば, 遅い速度でも止まっているものとの対呈示で選好がみられるか」という最小速度閾 (Vmin) の検討が行われた (Aslin & Shea, 1990 ; Kaufmann et al., 1985 ; Dannemiller & Freedland, 1989, 1993 ; Bertenthal & Bradbury, 1992). その結果をまとめたものが, 図 5-2 である. 刺激や測定の厳密さなど, さまざまな点で条件が異なるため, 得られた最小速度閾のデータは, 報告された論文ごとにばらばらである. しかしながら, 一貫しているのは, その発達的傾向だ. 一見してわかるように, 10 週齢前後を境に, 明らかに最小速度閾の値は小さくなっている. その傾向は 20 週齢あたりにまで及ぶようである. この行動実験の結果は, 先の眼球運動の OKN (視運動性眼振), さらに視覚誘発電位 (VEP) による脳活動計測の結果とおおよそ一致し, 10 週齢前後に運動視にかかわる皮質が機能し始め, その能力が 3 ヶ月齢ごろまでに発達していくということを示唆している.

この推測は, その後, より詳細に検討された運動視の行動実験によっても確

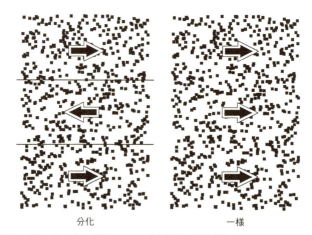

図 5-3　ワッタンベルが用いている典型的な運動刺激（Wattam-Bell, 1994）
左側は，3つの領域が交互に逆の動きをすることによって分化（segregation）が生まれるのに対し，右側は全領域が同じ方向に一様な動きをする．こうした刺激を左右に呈示すると，これらの動きが見えている乳児には，左側への強い選好が生じる．実際の実験では，しばしば，全領域におけるランダムドットが一定の時間間隔で運動方向を逆向きに変える，往復運動（oscillating）を行う．

認されている．止まっているものと動いているものを対で呈示する，という方法を越えて，1990年代以降になると，より工夫された刺激が用いられるようになってきた．その方法とは，視力測定のアナロジーで，縞パタンと一様なパタンを呈示し，縞パタンへの選好を運動視でみようとするものである．具体的には，視力測定の際に用いられた縞パタンへの選好と同じように，速度もしくは方向が異なっている運動が並んで縞のような形を構成する，いわゆる剪断運動（shear motion）をターゲット刺激とし，縞の形を構成せずにすべてが一様な方向に動くランダムドット運動を非ターゲット刺激として，ターゲット刺激への選好注視を測定するという方法だ（Wattam-Bell, 1996a, 1996b；Bertenthal & Bradbury, 1992）．ここでは，もし乳児が縞を構成している運動の方向の違いを知覚しているのであれば，一様なパタンよりも縞状になった剪断運動のほうを好んで注視する，という前提にたって実験が進められる．

このような刺激セットを用いることで，従来からの最小速度閾（Vmin）だけではなく，最大速度閾（Vmax）や，パタンの切り替えの際にドットがどのくらいまでなら大きくジャンプしても動きが知覚できるかというDmax，さら

第5章　動きを見る

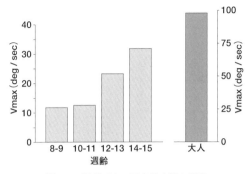

図5-4　週齢ごとの最大速度閾の発達

比較として大人のデータものせてある．両者のスケールの違いに注意．フレームの間でジャンプするドットの距離を操作することで，速度を変化させている．したがって捉えようによっては，ジャンプする距離の知覚閾である「Dmax」とすることもできるが（実際，Wattam-Bell, 1992ではDmaxとなっている）ここではVmax（最大速度閾）と表記した．

には後述のS／N比（シグナル／ノイズ比）など，さまざまなパラメータに関して運動視の発達が検討できるようになった．そして具体的にその詳細な検討を行ったのが，ワッタンベルの一連の研究である（Wattam-Bell, 1992, 1994, 1996a, 1996b, 1996c）．論文ごとに刺激の詳細は異なるが，その典型である刺激図（Wattam-Bell, 1994）を示しておく（図5-3）．

たとえば，最大速度閾についていえば，図5-4を見ればわかるように，10週齢から12週齢を経て15週齢へと，その値は劇的に改善されている．つまり，方向性をもった運動への感度は，ここまで紹介してきた研究からもわかるように，ほぼ10週齢前後に発達するが，その運動視の知覚全体は，3ヶ月齢ごろに突然改善され，4ヶ月齢ごろまでに完成する，ということを意味している．

また彼は，ランダムドットを用いて一定方向に動くシグナルとバラバラな方向に動くノイズの割合を操作し，どの程度までノイズが含まれていても方向性のある運動に対する感度が保たれるかを，S／N比の閾値として検討した．8 deg／secといった，中程度の速度の方向性のある運動への感度を，発達的に検討している．11-16週齢の乳児24人の閾値をあらわしたものが図5-5である．縞状に互い違いになっている運動パタンの幅を細くしたり，左右に往復運動する時間を変えたり，さまざまな刺激条件を検討した中で，最も閾値がよか

87

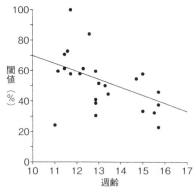

図5-5 乳児24人のランダムドット運動に対するS/N比の閾値 (Wattam-Bell, 1994)

った条件（幅10 deg：3本の縞，反転時間0.48 sec）についてのデータをプロットしている．これをみると，大まかにいえば，乳児のランダムドットのS/N比の閾値（どのくらいのノイズに耐えられるか）は，12週齢ごろで約60-70％程度，16週齢においても40％程度で，運動方向の判断はノイズに阻害されやすいことがわかる．ちなみに同じ条件で測定した大人の閾値は，約10％程度である．

ここから，視力同様，3，4ヶ月齢の乳児においては，まだまだ運動視のS/N比は大人に比べると未熟であるが，11，12週齢から15，16週齢へと，その感度には明らかな発達傾向が認められることがわかる．

このようにワッタンベルは，さまざまなパラメータを操作し，運動視の発達を選好注視行動により検討している（Wattam-Bell, 1992, 1994, 1996a, 1996b, 1996c）．その全体のデータをまとめ，4-16週齢の乳児の何割が方向性をもった運動に感度を示すのかをグラフにあらわしたものが，図5-6である．8，9週齢では約6割程度，10週齢になるとほぼすべての乳児が，方向性をもった運動に感度を示すようである．

▷ 皮質が関与する感度の発達

以上，一定方向に動く運動刺激（coherent motion）への感度がいつ頃から現れるのか，眼球運動，脳波，行動を指標とした研究を概観してきた．それぞれの出現時期をまとめた表5-1は，T. バントンとB. I. バーテンサールの論文（Banton & Bertenthal, 1997）に載せられている結果のうち，一部を改変したものである．

これらの各データは，それぞれ刺激やデータの分析法が異なっており，互い

第5章　動きを見る

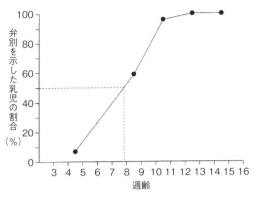

図 5-6　ワッタンベルの一連の研究を総合的に集計し，方向性をもった運動への感度を示す乳児の割合を週齢別にあらわしたもの

表 5-1　方向性をもった運動刺激が見えはじめる週齢（Banton & Bertenthal, 1997 より改変）

運動の型		方法と研究	週齢 0 1 2 3 4 5 6 7 8 9 10 11 12 13
単一方向の運動	OKN	Kremenitzer et al., 1979	P
	OKN	Hainline et al., 1964	P
	OKN	Tauber & Koffler, 1966	P
	OKN	Naegele & Held, 1982	P
	OKN	Atkinson & Braddick, 1981	P
	OKN	Banton & Bertenthal, 1996	P
	OKAN	Schor et al., 1983	P
	VEP	Hamer & Norcia, 1994	P
	VEP	Wattam-Bell, 1991 (5/sec)	A A P
	VEP	Wattam-Bell, 1991 (20/sec)	A A A A P
拡大運動		Yones et al., 1979	P
		Nanez, 1988	P
剪断運動	PL	Dannemiller & Freedland, 1991	P
	PL	Bertenthal & Bradbury, 1992	P
	PL	Wattam-Bell, 1996	A A A A P
	PL	Wattam-Bell, 1996	A A A P

「P」は見えていることが示されている週齢，「A」は見えていないことが示されている週齢である．左から，「運動の型」の項目には，用いられた刺激の種類が記載されている．「方法と研究」の項目には，用いられた方法，各論文の著者と年号が示されている．

の結論を正確に比較するには注意が必要である．しかし，方法や刺激を越えて，それぞれのデータはある傾向を示している．その結果をまとめると，①拡大に対する「防御反応」と，OKN（視運動性眼振）は，非常に早く，0-3週齢の乳児において観察されることもある．②一方，視覚誘発電位（VEP）による脳活動や選好注視行動を指標とした方向性のある運動への感度は，ほぼ10週齢ごろに観察され，その後16週齢にむけてS／N比の閾値や速度閾などが発達していく．さらに，③視覚誘発電位を指標とした感度の出現はほぼ12, 13週齢前後であり，選好注視を指標としたものが10週齢前後であるとすると，脳活動を指標としたもののほうがやや遅い，などのことが読み取れる．

　これらの発達データを合理的に説明する1つの仮説は，8週齢前後までは皮質下の制御がメインであり，拡大刺激に対する防御反応や方向性をもった運動へのOKNは皮質下による反応であると考え，2ヶ月齢から3ヶ月齢にかけて，徐々に一次視覚野（V1）などの皮質が機能し始め，皮質性の脳活動を示す視覚誘発電位反応も観察されるようになるとする考えである．これらの運動刺激に対する処理が，より高次の運動視に関与するMT野，MST野で処理されたものとする仮説もありうるが，これらの仮説のどちらが妥当であるのかは，より複雑な運動刺激である，運動からの構造復元（structure from motion），方向性をもった運動による分化（directional motion segregation），運動透明視（motion transparency）の知覚発達を検討した後に，ふたたび次章で議論することにし，ここでは，生後2ヶ月ごろを境に，皮質下の処理が皮質の制御に切り替わっていくとの観点からデータをひとまず整理しておくことにしたい．

4　拡大・縮小運動への感度の発達

　新生児でも遠くからこちらへと，近づくものに対する運動情報に敏感である．注意深く観察すれば，近づくものはだんだんと大きく，遠ざかるものはだんだんと小さくなることがわかる．視野の中のこうした物体の変化を「拡大・縮小運動」として規定して，こうした運動に対する感受性を測る研究がある．

たくさんのドットが同じ方向に動くような運動刺激に対する反応は，主に10週齢から12週齢にかけて発達する．つまり，生後2ヶ月から3ヶ月たって，ようやく動きが見えるようになる．そう考えると，1ヶ月齢以下の乳児が拡大刺激に対して反応を示したバウアーらの実験は，ある意味で驚きである．1ヶ月齢以下の乳児が拡大運動に対して示す反応が仮に皮質下処理であるとするならば，2ヶ月齢以上の乳児では，拡大運動や縮小運動などのいわゆる放射運動はどのように処理されているのであろうか．

▶ 速度勾配がつくと印象が強まる

拡大・縮小運動への感度の発達について欠かせないデータとして，白井を中心として私たちのグループが行った一連の実験を紹介しよう．2ヶ月齢以上の乳児における放射運動の処理を，さまざまなパタンの拡大・縮小刺激を用いて検討したものであり (Shirai, Kanazawa, & Yamaguchi, 2004a, 2004b, 2005, 2006, 2008)，ランダムドットや縞状パタンを視覚探索課題のように配置した刺激など，拡大・縮小するさまざまな刺激パタンを用いて，選好注視行動を指標に，刺激への感度を検討したものである．先に結果をまとめておくと，以下の2点に集約される．

① 多くの場合，乳児においては，拡大刺激のほうが縮小刺激よりも感度がよい．
② 拡大刺激と縮小刺激に対する感度の違いが明らかになるなど，さまざまな処理の特徴が現れるのは3ヶ月齢以上になってからである．

まずはランダムドットを用いた拡大刺激への感度発達を検討したデータから解説する (Shirai *et al*., 2004b)．

拡大運動パタンが，近づいてくる「接近印象」をもつための重要な要因として，「速度勾配」がある．ランダムドットをすべて中心から四方八方へと遠ざかるように運動させることによって，拡大運動パタンを作りだすことができる．このとき，遠ざかるドットが中心から遠ければ遠いほど速く動くよう，「速度勾配をつけて拡大させる運動」と，どのドットの速度も一定の速さで動かす

「速度勾配なしの拡大運動」を比べてみると，大人の眼からすれば明らかに前者のほうが，拡大の印象は強くはっきり感じられる．というのも，実際に物体が近づいてくる際に見られる物体が網膜上に映る視覚情報や，あるいは自らが前進する場合に生じる視野内のパタンは，周辺にあるもの（中心から遠いもの）ほど速い動きの成分をもっているからである．これらの違いは，物理的にはたいへん小さいが，印象としては大きな違いを生む．もし，乳児が拡大パタンを大人と同じように正確に知覚しているのであれば，これらの違いにも気づくのではないかと予想される．そこで，速度勾配つきの拡大運動と速度勾配なしの拡大運動を対呈示し，速度勾配つきの拡大運動への乳児の選好注視行動を検討したのである．速度も要因も検討するため，基本となる拡大運動の平均速度に，速いものと遅いもの，2種類を用意した．

その結果が図5-7である．グラフを見ればわかるように，3ヶ月齢以上の乳児は，ドット全体の動きが速い条件でも遅い条件でも，いずれも「速度勾配つきの拡大運動」を有意に長く注視した．しかし，2ヶ月齢では，速度の速い条件（平均速度は5.68 deg/sec，速度勾配は0-11.36 deg/sec）でのみ，「速度勾配つきの拡大」刺激を選好注視したが，遅い条件（平均速度は2.84 deg/sec，速度勾配は0-5.68 deg/sec）では，この刺激には有意に注視しなかった．このことから，ほんとうの意味で近づいてくる運動を拡大パタンから知覚できるようになるのは3ヶ月齢ごろであり，ドットの動きが遅くて見えにくい場合，2ヶ月齢では近づく動きを知覚できていない可能性が示唆される．

今度は，ランダム運動と拡大・縮小する運動を比べて，拡大あるいは縮小する運動に選好があるかを調べる実験が行われた．速度勾配のない拡大・縮小運動を用意して，これとランダム運動を対呈示し選好を調べたのである．先の実験と同様に2ヶ月齢と3ヶ月齢の乳児を対象とし，速度が速い条件と遅い条件を設けている．

実験の結果，2ヶ月齢においては拡大・縮小いずれの動きであっても，また速度が速い遅いにかかわらず，拡大または縮小運動への有意な選好は観察されなかった．しかし3ヶ月齢になると，拡大または縮小する運動のほうを有意に

第 5 章 動きを見る

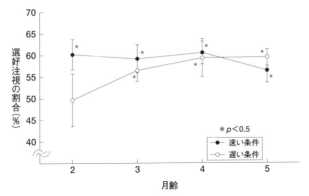

図 5-7 速度勾配がついた拡大パタンへの選好 (Shirai et al., 2004b)
2ヶ月齢の遅い速度の条件以外，すべての条件で，有意な選好が観察されている．

長く見るようになり，見えにくいと予測される速度が遅い条件（2.66 deg / sec）では，拡大する運動にのみ選好が見られ，縮小する運動には選好がみられないことがわかった．3ヶ月齢の速度が速い条件（5.31 deg / sec）では，拡大運動と縮小運動の双方に有意な選好が観察された．

以上2つの実験から，近づいたり遠ざかったりする動きを表現する放射運動への感度は基本的に生後3ヶ月以降に発達し，近づく動きである拡大運動への感度のほうが遠ざかる動きである縮小運動への感度よりも優れていることが明らかとなった．

▷ 拡大運動パタンはポップアウトする

この結論は，視覚探索課題刺激を用いても，ほぼ同様の結果が得られているという点で興味深いものである（第8章を参照のこと）．これまでの研究が拡大あるいは縮小するものと別の動きという対呈示で行ったのと比べると，視覚探索課題ということで複数の動きを呈示しているため配置や構成要素もまったく異なっているにもかかわらず，同じ結果を示したのである．拡大・縮小の視覚探索課題の図5-8は，その刺激の一例である．そもそもこの実験はもともと大人を被験者として行われ，数多くの拡大する運動パタンの中から縮小を探す「縮小探索」と，逆に縮小する運動パタンの背景から拡大を探す「拡大探索」

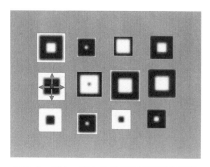

図5-8　拡大・縮小の視覚探索課題の刺激
(Shirai et al., 2004b)
Takeuchi (1997) で用いられたものを一部改変して作成している。この場合、左端の列の中央の縞パタンのみが拡大運動を行っており、残りの11個の縞パタンは縮小運動をしている。

を比較し，後者のほうが簡単であるということを示したものである（Takeuchi, 1997）．つまり大人の眼から見れば「拡大する運動パタンはポップアウトする（目につきやすい）」ということを意味している．同じような拡大運動パタンのポップアウトが乳児においてもみられるかを，選好注視法を用いて検討したのである．「拡大探索」条件では，11個の縮小する動きを示すパタンの中の，右端もしくは左端の列の中央に，1つだけ拡大する動きのパタンが配置される．これを呈示し，1つだけ異なる運動を示す拡大運動パタンが存在するところに注視がみられるかどうかを，2-8ヶ月齢の乳児を対象に検討したのである．

結果は，「縮小する動きを探索する」条件では，いずれの月齢の乳児も，縮小運動するターゲットのある方向を有意に注視しなかったが，「拡大する動きを探索する」条件では，3ヶ月齢以上の乳児はすべて拡大運動するターゲットのある方向を有意に注視した．刺激の形や配置がまったく異なるにもかかわらず，この実験の結果は，先のランダムドットを用いた2つの実験結果と，①拡大する動きに対するほうが縮小する動きに対するよりも感度がよい，②拡大する動きと縮小する動きに対する感度の違いが明らかになるのは3ヶ月齢以上になってから，という2点を支持する結果といえるだろう．

▶ 皮質の発達に関する神経学的モデル

拡大・縮小運動に関するこれらの一貫した結論は，皮質の発達に関してどのような仮説と結びつくだろうか．3週齢で観察された拡大刺激への防御反応，OKN（視運動性眼振）による眼球運動のデータ，視覚誘発電位（VEP），そして注視行動による方向性をもった運動刺激への感度の発達データをあわせて考え

第5章 動きを見る

るのなら，生後1，2ヶ月ごろから2，3ヶ月ごろにかけて，皮質下処理のものが皮質処理へと移行していくことはほぼ確実なように思われる．しかしながら，拡大・縮小する運動への感度が発達する生後3ヶ月ごろに，皮質のどの領域の発達によりこうした処理が可能となってくるかについては，まだまだ議論の余地があるようだ．そもそも方向性をもった運動や拡大・縮小する運動の処理が可能になるためには，運動にかかわる視覚皮質である高次なMT野やMST野の発達が不可欠なのだろうか．より低次な一次視覚野（V1）レベルで可能な運動パタンの処理とは，どのようなものなのだろうか．第2章で説明したように，一次視覚野（V1）のシナプスの発達については，詳細な解剖学的データがあるが（Huttenlocher et al., 1982），運動にかかわる高次なMT野やMST野は，どのような発達経過をたどるのであろうか．またそれらの機能について，シナプスの数以外に影響を与える解剖学的な要因はないのであろうか．

こうしたさまざまな疑問をかかえたまま，たとえば「生後3ヶ月ごろ，運動を司るMT野は機能しはじめる」と自信をもって断言することは難しい．その結論は，今後のデータによって，簡単に覆ることもありうるからである．ここでは現時点での1つのたたき台として，いくつかの仮説を検討してみたい．

J.L.コーネル（Conel, 1967）によれば，一次視覚野（V1）内ニューロンの軸索のすばやい処理が可能となるミエリン化（髄鞘化）の状況を層別に検討したところ，基本的に「下から上」に形成されることが明らかとなった．つまり，6層ある一次視覚野（V1）のコラム（層）構造のうち，下のほうにある5層と6層は新生児の段階ですでにミエリン化が完成しており，4C層は生後1ヶ月，4B層は1-3ヶ月，2層と3層は3-6ヶ月の間に，それぞれミエリン化するとの結論になったという．また，マカク類を被験体とする電気生理学的なデータ（Dow, 1974；Hawken et al., 1988）から，一次視覚野（V1）コラム内の6層と4B層が方向性をもった運動刺激に選択的反応を示すというデータをあわせて，T.バントンとB.I.バーテンサール（Banton & Bertenthal, 1997）は，運動視における2つの発達段階を仮説的に議論している．すなわち，すでに新生児の段階で存在している，網膜から外側膝状体（LGN）を経て6層に入力される系が

機能することにより運動視が処理される第1段階と，運動視に直接かかわるより高次なMT野やMST野と結合をもつ4B層の系が機能しはじめる第2段階の，2つである．この2つめの段階において，視覚誘発電位（VEP）に計測される脳活動や行動指標で計測される方向性をもった運動視への能力が機能しはじめ，また，拡大・縮小する運動刺激に対して拡大のほうに敏感に働くという異方性をもった処理もスタートする，と考えるのである．

サルの電気生理学のデータと一次視覚野（V1）におけるミエリン化のデータだけからこうした結論にいたるには，間にいくつもの飛躍があるようにも思われるが，手元にあるデータを矛盾なく説明するものではある．いずれにせよ，なんらかの皮質の機能がかかわっていることは間違いないのであるが，それが脳のどの領域におけるどのような機能の発達と関連するのかは，行動指標を含めた今後の乳児研究を待つ必要があると思われる．

引用文献

Aslin, R. N., & Shea, S. L. (1990). Velocity thresholds in human infants: Implications for the perception of motion. *Developmental Psychology*, 26 (4), 589-598.

Atkinson, J., & Braddick, O. J. (1981). Development of optokinetic nystagmus in infants: An indicator of cortical binocularity? In Fisher, D. F., Monty, R. A., & Senders, J. W. (Eds.), *Eye movements: Cognition and Visual Perception*. Hillsdale, NJ: Erlbaum.

Atkinson, J. (2000). *The developing visual brain*, Oxford Univertisty Press.

Ball, W., & Tronick, E. (1971). Infant responses to impending collision: Optical and real. *Science*, 171, 818-820.

Banton, T., & Bertenthal, B. I. (1997). Multiple developmental pathways for motion processing. *Optometry & Vision Science*, 74 (9), 751-760.

Bertenthal, B. I., & Bradbury, A. (1992). Infants' detection of shearing motion in random-dot display. *Developmental Psychology*, 28, 1056-1066.

Bower, T. G. R., Broughton, J. M., & Moore, M. K. (1971). Infant responses to approaching objects: An indicator of response to distal variables. *Perception & Psychophysics*, 9, 193-196.

Bower, T. G. R. (1977). Comment on Yonas et al. "Development of sensitivity to information for impending collision". *Perception & Psychophysics*, 21 (3), 281-282.

Bower, T. G. R. (1989). *The rational infant: Learning in infancy*. New York: W. H. Freeman. (バウアー, T. G. R. 岩田純一ほか（訳）(1995). 賢い赤ちゃん　ミネルヴァ

書房.)

Braddick, O., Atkinson, J., Hood, B., Harkness, W., Jackson, G., & Vargha-Khadem, F. (1992). Possible blindsight in babies lacking one cerebral hemisphere. *Nature*, 360, 461-463.

Conel, J. L. (1967). *The Postnatal Development of the Human Cerebral Cortex*. Cambridge, MA : Harvard University Press.

Dannemiller, J. L., & Freedland, R. L. (1989). The detection of slow. stimulus movement in 2- to 5-month-olds. *Journal of Experimental. Child Psychology*, 47, 337-355.

Dannemiller, J., & Freedland, R. L. (1993). Motion-based detection by 14-week-old infants. *Vision Research*, 33, 657-664.

Distler, C., & Hoffmann, K. P. (1992). Early development of the subcortical and cortical pathway involved in optokinetic nystagmus : The cat as a model for man? *Behavioral Brain Research*, 49, 69-75.

Dow, B. M. (1974). Functional classes of cells and their laminar distribution in monkey visual cortex. *Journal of Neurophysiology*, 37, 927-946.

Hawken, M. J., Parker, A. J., & Lund, J. S. (1988). Laminar organization and contrast sensitivity of direction-selective cells in the striate cortex of the Old World monkey. *The Journal of Neuroscience*, 8, 3541-3548.

Hoffmann, K. P., & Schoppmann, A. (1975). Retinal input to the direction-selective cells of the nucleus tractus opticus in the cat. *Brain Research*, 99, 359-366.

Hoffmann, K. P. (1981). Neuronal responses related to optokinetic nystagmus in the cat's nucleus of the optic tract. In A. Fuchs, & W. Becker (Eds.), *Progress in oculomotor research*. New York : Elsevier. pp. 443-454.

Huttenlocher, P. R., de Courten, C., Garey, L. J., & Van der Loos, H. (1982). Synaptogenesis in human visual cortex-evidence for synapse elimination during normal development. *Neuroscience Letters*, 33 (3), 247-252.

Kaufmann, F., Stucki, M., & Kaufmann-Hayoz, R. (1985). Development of infants' sensitivity for slow and rapid motions. *Infant Behavior & Development*, 8 (1), 89-98.

Kremenitzer, J. P., Vaughan, H. G., Kurtzberg, D., & Dowling, K. (1979). Smooth-pursuit eye movements in the newborn infant. *Child Development*, 50 (2), 442-448.

Mohn, G. (1989). The developement of binocular and monocular optokinetic nystagmus in human infants. *Investigative Ophthalmology & Visual Science*, 40 (**supplement**), 49.

Naegele, J. R. & Held, R. (1982). The postnatal development of monocular optokinetic nystagmus in infants. *Vision Research*, 22 (3), 341-346.

Nanez, J. E. (1988). Perception of impending collision in 3-to 6-week-old human infants. *Infant Behavior & Development*, 11, 447-463.

Norcia, A. M., Garcia, H., Humphry, R., Holmes, A., Hamer, R. D., & Orel-Bixler, D. (1991). Anomalous motion VEPs in infants and infantile esotropia. *Investiga-*

tive Ophthalmology & Visual Science, 32, 436-439.
Schiff, W. (1965). Perception of impending collision : A study of visually directed avoidant behavior. Psychological Monographs, 79 (11), 1-26.
Shirai, N., Kanazawa, S., & Yamaguchi, M. K. (2004a). Asymmetry for the perception of expansion/contraction in infancy. Infant Behavior & Development, 27 (3), 315-322.
Shirai, N., Kanazawa, S., & Yamaguchi, M. K. (2004b). Sensitivity to linear-speed-gradient of radial expansion flow in infancy. Vision Research, 44, 3111-3118.
Shirai, N., Kanazawa, S., & Yamaguchi, M. K. (2005). Young infants' sensitivity to shading stimuli with radial motion. Japanese Psychological Research, 47 (4), 286-291.
Shirai, N., Kanazawa, S., & Yamaguchi, M. K. (2006). Anisotropic motion coherence sensitivities to expansion/contraction motion in early infancy. Infant Behavior & Development, 29, 204-209.
Shirai, N., Kanazawa, S., & Yamaguchi, M. K. (2008). Early development of sensitivity to radial motion in different speeds. Experimental Brain Research, 185, 461-467.
Takeuchi, T. (1997). Visual search of expansion and contraction. Vision Research, 37, 2083-2090.
Volkmann, F. C., & Dobson, V. M. (1976). Infant responses of ocular fixation to moving visual stimuli. Journal of Experimental Child Psychology, 22 (1), 86-99.
Wattam-Bell, J. (1991). Development of motion-specific cortical responses in infancy. Vision Research, 31 (2), 287-297.
Wattam-Bell, J. (1992). The development of maximum displacement limits for discrimination of motion direction in infancy. Vision Research, 32 (4), 621-630.
Wattam-Bell, J. (1994). Coherence thresholds for discrimination of motion direction in infants. Vision Research, 34 (7), 877-883.
Wattam-Bell, J. (1996a). Visual motion processing in one-month-old infants : Preferential looking experiments. Vision Research, 36 (11), 1671-1677.
Wattam-Bell, J. (1996b). Visual motion processing in one-month-old infants : Habituation experiments. Vision Research, 36 (11), 1679-1685.
Wattam-Bell, J. (1996c). The development of visual motion processing. In F. Vital-Durand, O. Braddick, & J. Atkinson (Eds.), Infant vision. Oxford : Oxford University Press. pp. 79-94.
Yonas, A., Bechtold, A. G., Frankel, D., Gordon, F. R., McRoberts, G., Norcia, A., & Sternfels, S. (1977). Development of sensitivity to information for impending collision. Perception & Psychophysics, 21 (2), 97-104.
Yonas, A., Pettersen, L., & Lockman, J. J. (1979). Young infant's sensitivity to optical information for collision. Canadian Journal of Psychology, 33 (4), 268-276.

第6章 動きから構造を復元する

　前章においては運動方向の知覚という，運動視能力のいわば初期的な側面の発達について触れた．が，もちろんこうした能力だけで，われわれの日常生活における運動視の機能がなりたっているわけではない．たとえば，混雑するスクランブル交差点でめいめいが勝手な方向に歩いている中を横切っていく．あるいは揺れる草木の背後でチラチラとのぞく人物が誰だかわかる．また，川や水の流れの中に，魚の群れが移動しているのを見つけることができる．ごく日常的な場面では，複数の物体を背後から切り分ける能力，見え隠れする限られた動きの情報から背後の全体の形を補完する能力，また，パタンの異なる重なった動きを適切に分離する能力，などなど，単純に「一方向への運動を検出する」ということを超えた高次の運動視能力が必要となってくる．視知覚の心理物理学，あるいは神経科学を含めた視覚科学の世界では，こうした高次の運動視に必要な視覚システムについて，理論およびデータの側面から多様な検討がなされてきた．本章では，その能力のいくつかをとりあげ，それらへの感度がいつごろ発達し，その発達をどう説明していくのかを検討していく．

1　動きから形を取りだす

▷ 運動情報をまとめて取りだす

　速度，方向などの視野の一部に生じた運動情報を取りだすには，異なる時間における2つの網膜像を比較検討する必要がある．前章でも述べたように，この能力は，ほぼ生後2-3ヶ月にかけて発達すると推定される．しかし，視覚系全体の目的は，速さや方向を取りだすだけでは十分ではない．動いている物体を背景のパタンから切りだし，その位置を特定する．あるいは，途切れ途切れに動くものを統合する．こうしたことを可能にするのは，視野の局所において

生じた動きの情報をなんらかの形で集め，統合するという作業である．この運動視における統合過程は，乳児においてはいつごろから発達するのだろうか．

▷ 動きによる分化

　形やコントラストにより輪郭が特定できないにもかかわらず，運動情報のみによって形が取りだされる事例がある．たとえば擬態と呼ばれる現象である．木の幹に張り付いている蝶や蛾などが，その羽のパタンが背景とそっくりなため，そこにいることがわからない．ところが，動いた瞬間に，羽の形が見える．これは，動きの情報により，止まっている際は見えなかった輪郭が知覚されることを意味する．重要なことは，この知覚のもとになった情報は，運動情報のみであり，表面のパタンやコントラストの違いといった静止した状態での情報はいっさい含まれていないという点である．

　この現象をより厳密に扱ったのが，ランダムドットによる「動きによる分化（motion segregation）」だ．たとえば，局所における白と黒の確率が50％であるようなランダムドットパタンを考えてみよう．このパタンの上に，たとえば蝶の形をしてはいるが，その表面はやはり白と黒の確率が50％であるような紙を置いてみる．このとき，蝶の形の領域も，それ以外の背景の領域も，白黒はランダムに配置されており，輪郭の情報はいっさい含まれない．しかし，蝶の紙を動かしてみれば，私たちは，たちどころにその輪郭を取りだすことができる．このとき，この輪郭の知覚の元になった情報は，すべて運動情報である．つまり，ある領域に生じた動きの情報を統合し，全体としての形を取りだすという作業がなければ，決して形は見えないのである．このような「運動からの輪郭」を取りだす過程は，明らかに，視野の局所に生じる運動を取りだす過程を超えたものを含んでいる．では，その能力は，いつ頃獲得されるのだろうか．

　この問題を検討するため，3ヶ月齢の乳児を対象に馴化法を用いて，動きによる分化が検討された（Kaufmann-Hayoz *et al.*, 1986）．図6-1のような，a 背景のランダムドットと，b ランダムドットを十字の形に切ったもの，ランダムドットを蝶の形に切ったものとが，用意された．振幅8度，周波数0.7 Hzで左右

に実際に動かし,その様子をビデオに撮影することで刺激を準備した.実験では,ランダムドットの動画,静止しているだけでパタンが見える白黒コントラスト静止画などさまざまな条件で,この十字と蝶の2つのパタンの弁別ができるかどうかが検討された.すなわち,十字のパタンを繰り返し呈示し馴化させ,注視時間が一定の基準以下になったところで蝶のパタンを見せて注視時間が回復するか否かを検討する,もしくは蝶のパタンを何度も見せて馴化した後に,十字のパタンへの注視時間の回復を検討する,のいずれかである.

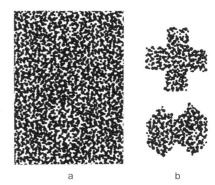

図6-1 動きによる分化の刺激(Kaufmann-Hayoz et al., 1986)

実験の結果,3ヶ月齢の乳児は,ランダムドットを背景に,十字や蝶のパタンを動かすと,明確にこの2つのパタンを区別した.つまり,3ヶ月齢の乳児は,動きの情報のみから,十字や蝶の形を知覚していたということになる.

動きによる分化 (motion segregation) が知覚できるという3ヶ月齢という時期は,似たような刺激を扱った他のいくつかの研究結果とも一致する.たとえば前章でもふれたJ.ワッタンベル (Wattam-Bell, 1992, 1994, 1996a) の研究では,左右に交互に動くパタンを用いて運動視の研究を行っている(図5-3参照).これは分化を直接検討したというよりは,ドットの速度や飛び幅がどのくらいであれば動きを知覚できるかを調べたものであるが,その際に左右方向への分化の知覚が調べられている.

実験では,動きによる分化から生じる縞パタンと一様な運動パタンを対で呈示し,縞パタンへの選好注視が調べられた.実験の結果から3ヶ月齢以上の乳児は,縞パタンに選好を示し,動きによる分化の知覚を示したのである.これは,先の結果 (Kaufmann-Hayoz, 1986) と一致する.つまり,乳児は,おおよそ生後3ヶ月ごろから,運動情報を利用して,形を取りだす能力を発達させると考えられる.

図 6-2　動きによる主観的輪郭の知覚実験（Curran *et al.*, 1999）
右側の領域にタテに主観的輪郭が存在している．この刺激の場合であれば，乳児が右側の領域を有意に長く注視するかを検討する．

▷ 動きが主観的輪郭の知覚を促進する

　この動きの情報から輪郭線を取りだす能力を，直接詳細に検討したのが，ワッタンベルと同じ研究グループの W. カレンらによって行われた，動きによる主観的輪郭の知覚実験（Curran *et al.*, 1999）である．彼らは，図 6-2 のような，波線の断片の集合の刺激を用いた．左右の一方の側に端点をそろえることで主観的輪郭が生じるようにし，波線全体を左右に 4.9 度の幅で，毎秒 6.6 度の速度で動かし，主観的輪郭の生じる側への選好注視を検討した．波線の密度や配列の効果など，さまざまなコントロール刺激も作成し，8-22 週齢の乳児を被験者とし複数の実験を行った．その結果，12-14 週齢と 20-22 週齢の乳児群は，主観的輪郭の生じる側への有意な選好を示したが，8-10 週齢群には有意な選好はみられなかった．しかし，速度を毎秒 9.5 度にあげて速い動きにすると，8-10 週齢群でも，主観的輪郭の生じる側への有意な選好を示すこととなった．
　この結果は，知覚が難しい「主観的輪郭」という形態情報も，運動情報を加えれば 3 ヶ月齢ごろから知覚することが可能であり，しかも速度を速くすれば，

第 6 章　動きから構造を復元する

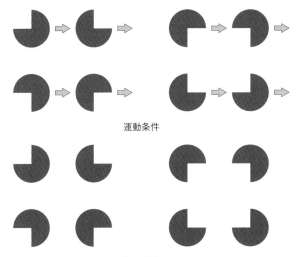

図 6-3　カニッツァタイプの主観的輪郭図形への選好の実験 (Otsuka & Yamaguchi, 2003)
運動条件では欠けた円が左右に動く．

2ヶ月半齢ごろからでも知覚できるということを意味している．この刺激での主観的輪郭は，図6-2にもあるように，右側の波線の「切れ目」をタテにたどればすべて同じ箇所で途切れているため，純粋なランダムドットの動きによる分化とは異なり，静止画でも取りだすことが可能な情報ではある．しかしそれは，2，3ヶ月齢の幼い乳児にとっては，難しいことなのだ．

　この点をより明確にする目的で，私たちはカニッツァタイプの主観的輪郭図形への選好を，運動条件と静止条件で比較した (Otsuka & Yamaguchi, 2003)．主観的輪郭は，4つのパックマン状の欠けた円により構成される．ターゲットとして，四角形を構成するように誘導図形である欠けた円を配置し，ノンターゲットでは，円の欠けた部分をすべて，外側に向けることによって，主観的輪郭が生まれないように配置した（図6-3）．このようにして，主観的輪郭が構成されるターゲット図形への選好注視時間の割合を，3-4，5-6，7-8ヶ月齢，それぞれ3つの群の乳児を対象に検討された．その結果，運動条件では3-4ヶ月齢群から，ターゲットへの有意な選好が示されたが，静止条件では，7-8ヶ月

齢群でのみ，ターゲットの主観的輪郭への選好が示された．

　静止した場合の主観的輪郭の知覚は，5ヶ月齢を越えないと難しい．つまり，3ヶ月齢の乳児は，形について見えていないにもかかわらず，動いていれば形が見えるという不思議な知覚世界にいることになる．なぜ動きを加えると，形の知覚が促進されるのかは，手がかりがふえるという意味では当然のようでもある．しかしながら形の情報処理システムと動きの情報処理システムの経路は，分かれていると言われている．そうであれば，発達途上の乳児の脳に，そのような遠いシステムどうしの統合が可能であること自体が，とても不思議なことである．その一方で，「動きの発達的優位」は，現象として明確である．ここでは，事故や老化などのさまざまな原因により脳障害をもつ人の多くも，「止まっていると見えない形が，動かせば見える」という反応を示すこと，そして，その逆，すなわち「止まっていると見えるが，動かせば見えない」という事例がきわめて稀であることを指摘して，この「動きの促進効果」が脳の行っている運動視の様式を反映したものであることを指摘するにとどめておく．

▶ 輪郭と遮蔽——見方の違い

　さて，対象が動いている場合，3ヶ月齢の乳児は動きによる分化（motion segregation）やカニッツアの主観的輪郭図形などの，さまざまな輪郭情報を取りだすことができることを確認した．しかし，よく知られているように，たとえばパックマン状の欠けた円を用いたカニッツアの主観的輪郭図形は，輪郭情報が知覚されているだけでなく，丸い円に大きな四角がかぶさっている「遮蔽」の知覚や，その四角の内部の領域が背景よりも明るく知覚されるコントラストの錯視など，複数の知覚要因によって成り立っている．さらにいうなら，遮蔽の知覚では，手前に四角がありその背後に丸が存在するわけであるから，奥行き関係が知覚されていることを意味している．こうした複数の要因がセットになっているものが，カニッツアが作りだしたいわゆる「主観的輪郭図形」である．

　運動情報を加えることで，この図形の一部である輪郭情報を取りだせたから

といって,「遮蔽」などの奥行き関係を知覚できているかどうかは明らかではない.むしろ,両眼立体視などの奥行きの知覚が可能になるのが生後4ヶ月以降であることを考えるならば(Birch *et al.*, 1985), 3ヶ月齢で遮蔽などの奥行き関係が知覚できているほうが不自然である.おそらく,先の「動かすと見える主観的輪郭」には,奥行きの知覚は含まれていないと思われる.

2 動きから構造を取りだす

▷ 両眼立体視との関係

では,動きの情報から,奥行き関係や立体的な構造を知覚できるようになるのは,いつごろからなのだろうか.専門用語で言いなおすならば,運動からの構造復元(structure from motion)は,いつごろから知覚されるのだろうか.

この問いに一貫してこだわり実験を続けてきたのが,エレノア・ギブソンの忠実な弟子であるアルバート・ヨナスである.彼の研究は,リーチング反応を用いたり実物の物体を実験で用いたり,知覚が行動に利用されるような生態学的に意味のある実験状況を作りだすことを特徴としている.ここでは,針金で構成された3次元の四面体(三角錐)を用いた立体視の実験を検討してみよう(Yonas *et al.*, 1987).

ヨナスはこの立体(口絵6)を,実際に乳児の前で回転させて実験を行った.偏光フィルターを巧みに利用し,両眼立体視の能力と,回転という運動情報による3次元構造の復元能力の,2つを同時に検討したのである.

この実験は,E. E. バーチらの一連の両眼視差情報に関する乳児の研究(Birch *et al.*, 1982 ; Held *et al.*, 1980)を参考に,4ヶ月齢の乳児を対象に行われた.針金を骨格とし赤い半透明な板が面にはめ込まれた三角錐と,その三角錐を平面に見立てた三角形の板という2つの物体が使われた(図6-4).この2つの物体の背後から偏光フィルターを通した光を呈示し,後方投影スクリーンに映し出される影を刺激としたのである.

この実験の最大の目的は,3次元の三角錐と2次元の三角形の板を乳児が動

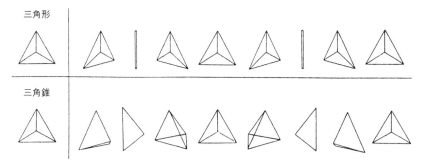

図6-4 三角形と三角錐をさまざまな角度から見た透視図 (Yonas et al., 1987)

きの情報だけから区別できるかを検討することにあった．まずこの2つの形の違いを調べる「形の知覚テスト（shape-perception test）」を行い，さらに，実験に参加した4ヶ月齢の乳児48人すべてを対象に，両眼を使って立体が見えるかを調べる「視差感受性テスト（disparity-sensitivity test）」を行っている．「形の知覚テスト」は馴化試行とテスト試行からなり，馴化試行では回転させた3次元の三角錐もしくは2次元の三角形を呈示し，テスト試行では，視差つきで静止した三角錐と三角形を呈示する．こうして「形の知覚テスト」では，3次元の三角錐と2次元の三角形を，回転という動きの情報だけから取りだされた3次元の情報に基づいて，区別できるかを調べた．

この「形の知覚テスト」と「視差感受性テスト」の結果から，両眼立体視の成立と，動きから3次元構造を見る能力との関係を検討したのである．この実験は，馴化法を用いた実験の1つの典型とも言えるものなので，以下に実験手続きをやや詳細に紹介しよう．

まずは，3次元の三角錐と2次元の三角形とを見分ける「形の知覚テスト」である．この「形の知覚テスト」は馴化試行とテスト試行から成る．馴化試行では，三角形もしくは三角錐のどちらか一方をランダムに選び，ライトを照射しスクリーンの背後で回転させる．この物体の影をスクリーンに映すことで馴化実験を行った．論文に詳細な記述はないが，直径約0.3 mmの針金と赤い半透明のスクリーンを張った物体であるため，影とはいっても，頂点を含む内

第 6 章 動きから構造を復元する

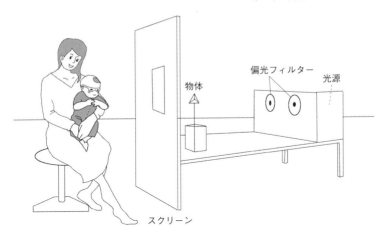

図 6-5 「形の知覚テスト」における実験装置

部構造はスクリーン内の影に映しだされることになる．実験の様子は，図 6-5 に示される．

　この刺激を右眼にのみ刺激が呈示されるようにして，4ヶ月齢の 48 人全員に馴化試行で見せた．後に詳しく説明するが，光源の前においてある偏光フィルターと乳児の左右の眼にかけられているメガネの偏光フィルターを対応させ，1 つの光源が，右眼にしか到達しないようにセッティングしたのである．物体は，4 秒で 1 回転していたが，片眼でスクリーンの影しか見えないため，乳児に呈示された情報に両眼視差情報は含まれておらず，動きの情報から 3 次元の形状を推定するしかない．

　この馴化試行では，「2 秒見なくなる」か「60 秒経過」したらその試行は終了（1 試行最大で 60 秒）とし，「終わった試行の直近 2 つの試行の平均注視時間」が「最初の 2 試行の平均注視時間」の半分になったら「馴化した」と定義した．

　馴化が完了した後，乳児が見ていたものが，3 次元の立体である三角錐であったのか 2 次元の三角形の平面であったのかを調べるテスト試行が実施された．動かして呈示した馴化試行とは異なり，テスト試行は静止した映像を使っている．ただし，テスト試行では，偏光フィルターを使って，立体の影に視差をつ

けている．たとえば四面体では，頂点とそれを含む山の部分は，光源と乳児のメガネによって，左右の視差に対応した二重映像がそれぞれの目に入るようにセットされた．こうして両眼視差による立体感が感じられるのだ．

　テスト試行では，三角錐と三角形の板の，それぞれの視差つき画像が，1つずつ15秒間ランダムな順番で呈示され，注視時間が測定された．三角錐と三角形は，それぞれ2回ずつ呈示された．

　この形の知覚テストが終わった後で，被験者全体を，立体が見えている乳児と見えていない乳児に区別する視差感受性テストが行われた．この試行では，知覚テストで使われた動く刺激ではなく，両眼視差実験でよく使われる静止した3本線に対する両眼視差の感受性（奥行きに対する感受性）が調べられた．試行では，3本1組の垂直な縦の線が，スクリーンの左右に2組映しだされる．一方の組の3本線にはなんら視差をつけず2つの光源からの画像を3本とも完全に重ねあわせたもの．もう1組の3本線は，真ん中の線に2つの光源をぴったりと重ね，この真ん中の線を挟む両側の線には2つの光源を少しズラすことによって視差をつけた．こうすることで，視差をつけた組では，3本のうち真ん中の線だけが両側の線とは異なる奥行きにあると知覚される．こうして視差をつけることによる奥行き感がある組とない組を左右に呈示し，視差がついた組への選好注視を判定して，視差情報への感受性（sensitivity）を検討したのである．

　視差感受性テストの結果は意外に悪く，視差つきのターゲットへの選好注視率の基準値である70%を超えたのは，4ヶ月齢の乳児73人のうち25人であった．一方で，48人の乳児は，大人であれば立体に見えるはずのターゲットを注視しなかった．

　こうして乳児を「立体視をもつ群」と「もたない群」に分けた後，それぞれのグループでの「形の知覚テスト」の結果を比較検討した．グループ別に，テスト時における注視時間を分散分析により比較したのである．1試行15秒で最大2試行った際の平均の注視時間は，立体視をもたない群48人では，馴化した刺激への注視時間が6.3秒，新奇刺激へ7.3秒の注視時間であり，新し

い刺激への注視が有意に多いとは言えない．一方，立体視をもつ群25人では，馴化した刺激に対する注視時間が5.6秒，新奇刺激に対しては8.3秒であり，新しい刺激への注視が有意に多く，刺激を区別していることが示される．すなわち，両眼立体視の能力を示した4ヶ月齢の乳児は，三角錐と三角形を区別できたが，両眼立体視の能力をもたない4ヶ月齢の乳児は，三角錐と三角形を区別できなかったのである．

さて，上記の結果から何が導きだされるだろうか．簡単に言ってしまうなら，4ヶ月齢の乳児は「運動からの構造復元（structure from motion）」の能力をもつ，という主張に集約されるだろう．しかも，その発達はどうやら両眼立体視の能力と関係がある，ということを示唆している．これは，両眼立体視の能力をもつ乳児は，単眼での動きの情報のみからも，立体構造を知覚できるということを意味している．そして，その能力は，4ヶ月齢ごろからであるという結論になる．

▷ 動きは構造の把握を促進する

ヨナスら（Yonas et al., 1987）の結論は，ほぼ同じ時期に発表された別のグループによる論文によっても確かめられている．C. オースリー（Owsley, 1983）は4ヶ月齢の乳児に対し，三角柱と立方体の弁別を，やはり馴化法を用いて検討している．馴化の際には，乳児は片眼を覆われ，両眼視差による情報は利用できなかった．馴化刺激の条件としては，①止まった立体の条件，②連続的に回転している立体の条件，③止まっている同じ立体を毎試行違う角度から呈示した条件，のそれぞれを用意した．テストでは両眼視差が使えるように両眼とも見える状態で，静止した立体を呈示した．テストで呈示した刺激は，①同じ立体の見たことがある角度，②同じ立体の見たことがない角度，③異なる立体，の3つをこの順序で呈示した．その結果，馴化期に立体を回転して呈示したときのみ，③異なる立体への注視時間が有意に回復した．つまり，この結果は立方体と三角柱の3次元構造を取りだすことが，回転している条件でのみ可能であったということを意味している．これは，先のヨナスの結果とほと

んど同じものであるが，重要な点は，4ヶ月齢において「運動からの構造復元」が可能であるという点のみならず，むしろ，運動情報が構造復元を「促進する」という点である．止まっているよりも，動かしたほうが，乳児にしてみれば，より容易に構造を知覚できるようになるのである．

運動情報が構造の知覚を促進するという点については，第7章でも紹介する主観的輪郭の知覚の促進と同様に，隠された物体を補完することへの促進効果が示されている．これは多くの教科書で紹介されるP. J. ケルマンらの初期の研究（Kellman & Spelke, 1983）や，S. ジョンソンの近年の一連の研究（Johnson & Aslin, 1995, 2000 ; Johnson *et al.*, 2000）により広く知られたものとなっている．ケルマンら（Kellman & Spelke, 1983）は，遮蔽面の背後にある棒の一体性の知覚が不可能な4ヶ月齢の乳児に，棒を動かすことによって一体性の知覚が可能となることを示し，これが乳児の知覚発達における動きの優位性を広く知らしめることとなったのである．また，ジョンソンの一連の研究では，ケルマンらの刺激と実験パラダイムのより詳細な検討が行われた．遮蔽面の上下の「つながり方」や「動き方」が，どのような状況において一体性の知覚をつくりだすのかを明らかにしたのである．ここでは，一体性の知覚を促進する形状やテクスチャの分析には立ち入らないが，「面の背後にある形状の一体性という構造の知覚は，動きによって促進される」という点が一貫していたことを強調しておこう．

なぜ動きは，形および立体構造の知覚を促進するのだろうか．この問いに答えることは，簡単なようでいて案外難しい．もちろん，「注意をひきつけるから」「動きという手がかりがふえるから」などの答えもありうる．しかし，動きと構造という異なる情報は，脳の別の経路で処理されるという計算論的な前提に立つとすると，「動きが形や構造の知覚を促進する」という事実の説明はとても難しい．計算論的な知覚発達論は，本章の役割を超えるテーマなので別の機会に譲ることにしたい．

第6章 動きから構造を復元する

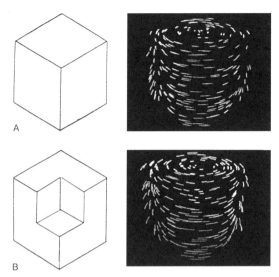

図6-6 ランダムドットの動きにより呈示された2つの立方体（左）と動きの軌跡（右）
(Arterberry & Yonas, 1988)
完全な立方体Aでは手前に頂点がきているため，ドットはより長い距離を速く動くが，Bでは対応する領域で，軌跡が短い．

▷ 動きだけから構造を知覚する

いずれにせよ，乳児は，動きの情報から，さまざまな構造に関する情報を取りだすことができる．これを，実際の物体でもなく，また面と線といった形態情報が残された刺激でもない，純粋に動きの情報だけで示したのが，ヨナスとその教え子のM. E. アーターベリーの研究（Arterberry & Yonas, 1988）である．形を含まない純粋に動きだけの情報であるランダムドットを用いて，4ヶ月齢の乳児を対象とした実験を行った．ランダムドットを三角関数にそって左右に振り，いわゆる運動からの構造復元（structure from motion）の刺激を用いて，通常の立方体と角がへこんだ立方体の区別を検討した（図6-6）．この実験も，先の実験と同様に，馴化法が用いられている．たとえば，ドットにより構成された「立体」の角が出っぱっているパタンが，仮想の3次元空間で回転する．このとき，各ドットの動きは2次元のスクリーンに映しだされるため，そこには視差情報などの奥行き情報は含まれない．それどころか，立体がドットで構

成されているため，静止した状態では，それが構造をもった立体であることすら一切わからないのである．しかし，動かすことによって，仮想3次元空間における回転軸から離れた，より手前にあるドットは速くかつ大きく動き，回転軸に近いドットは遅くかつ短い距離を動くという，運動視差が生みだされる．この手がかりをもとに，大人であれば形状が知覚されるのである．

　実験の結果，角がでっぱっている立方体に馴化した後に，角がへこんでいる立方体を見せると注視時間が有意に回復した．また，逆に角がへこんでいる立方体に馴化した後では，角がでっぱった立方体に対してのみ，これも注視時間が回復したのである．つまり，4ヶ月齢の乳児は，静止状態では一切形の情報を含んでいないランダムドットであっても，運動情報のみから形状を復元し知覚できるということがわかったのである．

　運動からの構造復元によって知覚可能なものの例として，バイオロジカル・モーション（biological motion）がある．バイオロジカル・モーションとは，たとえていえば，暗闇で歩いている人間の姿を，関節に取り付けた明かりの動きだけから表現した動画のことである．不思議なことに，この点の動きの集合体だけから，歩いている人の姿だということが一目でわかり，しかもその上，その人の風貌や男女までもがわかるのである．乳児でバイオロジカル・モーションの知覚が可能となる時期を調べた一連の研究をみてみると，ほぼ生後4ヶ月ごろであることがわかる（Fox & McDaniel, 1982；Bertenthal et al., 1984；Bertenthal et al., 1985；Bertenthal et al., 1987；Booth et al., 2002）．バイオロジカル・モーションを見るためには，個々の動きを全体として捉えることが必要である．すなわち大域的に運動を捉え，さらには身体という1つのカタマリであるとする「剛体性の知覚」を取りだす過程は，おそらく4ヶ月齢もしくは5ヶ月齢ごろに発達すると考えられるのである．

　ちなみに，「いつ何が見えるようになるのか」を問う研究は，早い月齢での報告のほうが皆を驚かせるようで，しばしば先に述べたような「低月齢競争」となる．その結果として，予想外に早い時期での知覚発達が報告されることがある．たとえば，アーターベリーら（Arterberry & Yonas, 2000）は，先に述べ

た「運動からの構造復元」の実験と,まったく同じ刺激と手続きを用いて,2ヶ月齢でこの知覚が生じることを示している.しかし,他のバイオロジカル・モーションや動きによる分化などへの感受性の発達をあわせて考えるなら,この知覚発達は早すぎるとの判断をせざるをえない.おそらく,ここでは,1つの物体という「剛体的な構造の知覚」は成立しておらず,加速度の違いからもたらされる運動視差情報を利用して,でっぱった刺激とへこんだ刺激との区別程度のことが生じていたのだと思われる.それを「運動からの構造復元」と呼ぶべきかどうかは,今後も慎重に検討されねばならない.いつどのような知覚が乳児で成立しているかは,単独のデータだけでは判断が難しい.常に,他の刺激を用いた実験データをあわせて考えていかねばならないのである.

3 動きから面を取りだす

▷ 動きによる遮蔽関係の知覚

動きの情報から,遮蔽といった物体どうしの奥行き関係が表されることもある.詳細は第7章で述べるが,世界にあるほとんどの物体は,ある特定の視点から見た場合,高い確率で互いに重なりあい,手前にある物体は遠くにある物体の一部を覆い隠すことになる.遮蔽されている部分を補って見る,いわゆる補完の図形(後掲図7-8参照)は,その様子を典型的に示すものである.

同様の遮蔽関係は,純粋に動きの情報だけからも構成されうる.それはたとえば,面の消失(deletion)と侵出(accretion)によって表すことができる(Gibson, 1966 ; Gibson et al., 1969).L. G. クレイトンとA. ヨナスは運動からの遮蔽関係の知覚発達を調べるため,図6-7のような左右に動く刺激図形を用いて,消失と侵出の知覚を検討している(Craton & Yonas, 1988).実在する横線は左右に動きながら,縦の境界線上で,現れたり(侵出)消えたり(消失)する.一方で面上に布置されているランダムドットは,消えたり出現したりはせず,線と同じ左右の方向に動く.この境界線は「物理的には存在しない境界線」で,横線が消失と侵出を繰り返すことによって主観的に生じる.さらにこ

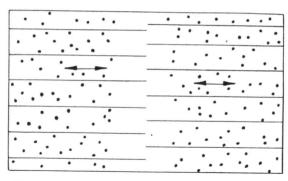

図 6-7 遮蔽関係の知覚実験の刺激 (Craton & Yonas, 1988)

のとき，左右の一方の領域が，他方の領域を「遮蔽する」知覚が生じる．

　この刺激のポイントは，知覚される「遮蔽関係」が，これまで説明してきた「運動視差」や「運動からの構造復元」と関係がないという点だ．ドットの動きは，遮蔽関係という構造の知覚に促進的な役割を果たしているかもしれないが，その知覚はすべて横線の消失と侵出によって表現されている．こうした消失／侵出の知覚発達も，先の運動からの構造復元と同じような時期に発達するのだろうか．それとも，もっと遅れるのであろうか．

　クレイトンとヨナス（Craton & Yonas, 1988）は，ギブソン夫妻の思想に従い，知覚を自然な運動（アフォーダンス）によって測定することをめざし，手を伸ばすリーチング反応を用いてこの実験を遂行した．視覚運動系が発達しリーチングができるようになった乳児は，近いものと遠いものを呈示されると，近いもののほうに手を伸ばす性質をもつ．この性質を利用し，左右どちらの面が，手前に知覚されているのかを，リーチングを指標として調べることにしたのである．その結果，5ヶ月齢の乳児は，手前に見える側の面へ，有意に高い頻度で手を伸ばしたのである．つまり，生後5ヶ月ごろになると，乳児は動きの情報から遮蔽関係を知覚し，しかも自分の身体を含めた空間の中に適切に配置し，どちらが近いかを行動によって示すことができるということが明らかとなった．

　5ヶ月齢という時期は，先の運動情報から3次元構造を構成できる4ヶ月齢と比較すると若干遅い．その理由として，リーチングという運動指標を使った

ためという点もあげられる．多くの先行研究から，リーチングは生後5-7ヶ月にかけて発達していくことが明らかとなっているからである．しかし，おおよそ生後4-5ヶ月にかけて，全体を捉えた大域的な構造情報をさまざまな方略から知覚できるようになることはほぼ間違いないようである．では，動きが見えはじめる生後2，3ヶ月頃から，3次元構造や遮蔽関係などを含めた形態情報が知覚できるようになる生後4，5ヶ月へむけて，どのような基礎的な知覚的能力が発達していくのであろうか．それを可能にしているより基礎的な能力は何だろうか．以下，生後3ヶ月から5ヶ月にかけて，大域的な運動視の能力の量的な発達を示した2つの研究を紹介したい．1つは，T. バントンらによって行われたランダムドットの運動方向の角度差による動きによる分化の研究であり，もう1つは，私たちが行ってきた運動透明視の発達研究である．

▷ 角度差と動きによる分化

バントンはB. I. バーテンサールの実験室において，ランダムドットを用いて，局所的な運動検出と大域的な運動視との関係について，さまざまな要因から乳児の知覚発達を検討してきた（Banton & Bertenthal, 1996; Banton et al., 1999; Banton et al., 2001; Bertenthal & Bradbury, 1992）．その中から，2001年の研究を詳細に紹介しておこう．

バントンら（Banton et al., 2001）は，図6-8にあるように，ランダムドットを動かして，背景全体が上に移動する中で，円で囲まれた小さい領域だけが，異なる角度で移動する刺激をつくりだした．その動きの角度差により円の領域が切り取られたように知覚される，動きによる分化の刺激である．こうしたパタンを乳児に呈示すると，切り取られたように知覚される円の領域に選好注視を行う．この選好注視が，角度差を変化させることによりどう変わっていくのかを検討したのである．

運動方向の角度差は，0，8，16，23，34，45，90，180度の8種類が用意された．ドットは48 msごとに0.52度ジャンプし，結果，毎秒約11度のスピードでジャンプした．対象とした乳児の月齢は，6，12，18週齢であった．

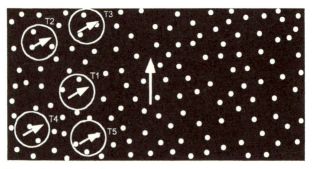

図 6-8　異なる角度の動きによる分化実験の刺激（Banton *et al.*, 2001）

　実験ではモニタの「背景」にあるドットは，すべて上方向に動いている．その中で左右のどちらかの領域に，異なる角度（図 6-8 では右上）に動く領域を複数配置する（図 6-8 では 5 つの領域がある）．この運動方向をさまざまに制御し，どのぐらいの角度であれば乳児が左右のターゲットの領域を注視するかを検討したのである．

　ここで 1 点注意しておきたいのは，ターゲットの位置が，実験のあいだ中ジャンプして移動し続けることである．図 6-8 にもあるように，ターゲットは左半分もしくは右半分のどちらか一方の領域に一貫して呈示されるが，その位置は次々に移り変わる．図 6-8 で言えば，この場合ターゲットは左側の領域にあるが，T1，T2，T3，T4，T5 とターゲットの位置は 5 回移動する．結果的に 1 度に 1 つの領域にのみ，角度差がついたターゲットが呈示されるのである．

　この刺激操作は，いわば「ゲタ」をはかせたようなものである．単に 1 ヶ所にのみターゲットを呈示するのでは，面全体も動いているパタンであることから，ターゲットの領域もそうでない領域も，乳児にとって十分魅力的となってしまう．どちらも魅力的であれば，ターゲットへの選好をみることができない．この問題を避けるため，バントンらは，刺激を定義する角度差という情報以外をできるだけ使うことなく，ターゲットそのものを目立たせるよう工夫した．それで，左右どちらかの領域内で，ターゲットの位置を常に移動させ続けるという方法を見出したのである．

ターゲット注視にゲタをはかせたかわりに，各週齢での閾値の測定はいくぶん厳しい基準を採用し，75％の注視率を超えた角度差を，8つの角度差の条件から推定した．その結果，6週齢ではいずれの角度においても75％を超えることはなかったが，12週齢では22度，18週齢では17度という角度差が，動きによる分化をつくりだす閾値であると推定された．大人の視覚能力からすると，1度から2度で識別可能とのことなので（De Bruyn & Orban, 1988），ずいぶん悪い値ではある．ちなみに，1996年の論文では，指標として眼球運動であるOKN（視運動性眼振）反応を用いているが，低月齢での感度は，選好注視を用いた2001年の研究よりもよい．この論文では，ドットの運動方向を特定のSDの幅で「ブレさせる」ことでOKNの反応の起こりやすさを検討したのであるが，生後1ヶ月半（6週齢）でのOKN反応の正答率は90％であった．これは，第5章でものべたように，低月齢の乳児は，おそらく皮質下制御との関連でOKN反応を「得意」としており，その結果選好注視との違いがみられたのではないかと考えられる．いずれにせよ，生後1ヶ月半では識別できなかったパタンについて，刺激の量的な変化により，生後3ヶ月，4ヶ月と運動視の「閾値」が改善されていく様子がデータとして示された数少ない報告である．それを念頭に，次の運動透明視の事例を検討してみよう．

▶ 動きによる重なりの知覚——運動透明視

先に述べたように，乳児の知覚においては，生後3-5ヶ月に最も興味深い発達が生じているように思われる．この時期は，静止したままではわからない形が，動きを加えれば見えるようになる時期でもあるし，また，両眼立体視や運動視差などが獲得される時期でもある．いわば平板だった世界が，徐々に奥行きと重なりをもった3次元世界へと変化していく時期であるといえる．その変化を定量的に示すには，同じ刺激をすべての月齢に適用し，「重なり」あるいは「奥行き」の見えの度合いを定量的に操作できるような刺激を用いることが望ましい．そのような刺激として私たちは，運動透明視を用いてこの時期の乳児の知覚発達を検討した（Kanazawa et al., 2006, 2007）．

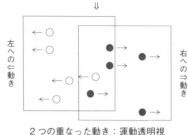

図 6-9　運動透明視の知覚に必要な 2 つの段階

局所的な運動を取りだす初期の段階と 2 つの面を構成するために必要な大域的な過程.

　運動透明視とは，2 つの別々の動きをするランダムドットを，1 つの場所に重ねて表示することで，2 つの面が見える知覚をさす．2 つの別々の動きは，局所的に見れば区別が難しい．もちろんランダムドットを用いているため，止まっている状態では，それぞれのドットがどちらの面の動きに属しているかはまったく識別できない．この動きが知覚できるためには，局所におけるドットの動きを，なんらかの形でプールし，全体を見渡した上で 2 つの面の動きとして振り分けるという作業が必要となってくる（Qian et al., 1994）．こうした 2 段階の処理が必要である（図 6-9）ことから，運動透明視は，しばしば高次な処理を検討する目的の実験で使われ，視知覚のモデル研究では重要な刺激となってきた．乳児研究においても，もちろん，この「高次の処理」がいつごろから行われているかを検討するには，便利な刺激であるといえるだろう．

　乳児を対象とした実験では，運動透明視と一方向だけに運動する単純な運動刺激を左右に対呈示し，運動透明視への選好注視を測定した．運動透明視は正しく知覚できれば複数の面による複雑な構造をもつため，乳児にとって魅力的な刺激である．運動透明視が知覚できずにドットの動きだけが見えるとすれば，動きという点では，一方向だけに動く単純な刺激と変わらない．運動透明視が知覚できればそちらに選好注視するという仮説のもとに実験は行われた．実験の結果，ドットの大きさ，速度，移動量（フレームごとの飛び幅）など局所的な条件を変更しても，5 ヶ月齢の乳児は明確に運動透明視を好んで注視したのに対し，3 ヶ月齢では局所的な条件を変更するとしばしば選好が消失した

(Kanazawa et al., 2007). そこで3-5ヶ月齢の乳児の, 高次な運動視の発達を定量的に検討する目的で, 運動透明視が見える度合いを物理的に操作し, 同じように選好注視法を用いて運動透明視への注視行動を測定した.

具体的には, ①ドット間の距離を近づけると運動透明視が崩壊する (Qian et al., 1994) という現象を利用して, 反対に運動するドットの距離を操作したもの (Kanazawa et al., 2006), ②異なる方向に動いているドット間のなす角度を近づけると, 同じく運動透明視が崩壊するという現象を利用したもの, ③同じ方向に動くドットの速度差を操作し, 徐々に近づけていくことで注視行動が変化するかをみたもの, の3通りの検討を行った.

①では, 反対に運動するドット間距離が0.44, 0.50, 0.57, 0.64度の4つの条件を設け, 乳児の透明視運動への選好を計測した. この距離はたいへん小さな値となっているが, 実際には40 cmの観察距離を前提としたときの計算値である. 厳密に乳児の網膜に, この値で刺激が呈示されていたわけではない点に注意してほしい. これらの微妙な値は, N.チャンら (Qian et al., 1994) で報告された, 0.39度が大人において透明視が見える閾値である, とのデータに基づいて決定されたものであった.

その結果, 最も見えにくい0.44度のときは, いずれの月齢の乳児も, 運動透明視を注視しなかった. しかし, 5ヶ月齢では, 0.50, 0.57, 0.64度のいずれの3条件でも, 運動透明視を好んで注視した. 一方, 3ヶ月齢ではすべての条件で有意な選好がみられず, 4ヶ月齢では, 0.57度の1条件でのみ, 有意な選好がみられた. この結果は, 運動透明視の知覚発達が, 3-5ヶ月齢にかけて量的に発達し, しかも5ヶ月齢においては, 先のバントンらの運動方向の角度差による動きによる分化のデータ (Banton et al., 2001) と比べると, ほぼ大人に近いたいへん精度の高い値に近づいていることが示されたのである.

同様の傾向は, 角度差を用いた運動透明視, 速度差を用いた運動透明視でも観察された. たとえば角度差に関しては, 6, 10, 20, 40度の4つの条件を用いて, 3, 4, 5ヶ月齢の乳児の運動透明視への選好注視を検討したのであるが, その結果, 3ヶ月齢ではいずれの条件でも有意な注視がみられず, 5ヶ月齢で

は10, 20, 40度で有意な注視となり，4ヶ月齢では40度のときのみ，有意な注視が観察された．つまり，最も見えにくい条件ではいずれの月齢も運動透明視を選好しなかったが，4ヶ月齢では最も見えやすい1条件でのみ選好がみられ，5ヶ月齢では，3つの条件で選好がみられるというように，量的な発達が明らかとなったのである．

また速度差については，それぞれ毎秒9と7，9.9と6.1，11と5，12.3と3.6度，の同じ方向に動いてはいるが異なる速度のランダムドットを重ねあわせることで，4種類の見えやすさの運動透明視を作成し，注視を検討した．その結果，先の結果とまったく同じように，「最も見えにくい条件ではいずれの月齢も運動透明視を選好しなかったが，4ヶ月齢では最も見えやすい1条件でのみ選好がみられ，5ヶ月齢では3つの条件で選好がみられる」という結果となった．以上4つの実験により，生後3ヶ月から5ヶ月へとなんらかの大域的な運動視の能力が量的に発達し，5ヶ月齢において完成することが示されたのである．

4　動きの知覚から運動発達へ

▷ 動きで形を補完する

運動透明視の発達の結果は何を意味しているのであろうか．運動からの構造復元など，これまで説明してきたデータを考えるなら，立体や奥行きや遮蔽関係を構成する面の知覚は，生後3ヶ月ごろには存在しないと考えられる．もちろん，動きによる分化が3ヶ月齢で知覚されるというデータや，ドットの移動距離を大幅に長くすれば，3ヶ月齢でも運動透明視が知覚できるというデータもあることを考えれば，この月齢で，局所的な運動の処理ではない，全体の動きを処理する，いわゆる大域的な運動の処理がスタートしている可能性がある．しかし，運動から立体的な構造を取りだす能力の完成が生後4ヶ月以降であることを考えるなら，この段階では，運動透明視に含まれる重なりなどの立体的な情報は知覚されていないと推測される．

第6章 動きから構造を復元する

こうした重なりや遮蔽の知覚は，おそらく生後5ヶ月ごろ完成するが，両眼視差による立体視が獲得されている生後4ヶ月は，その中間的な状態にあると考えられるだろう．実際，4ヶ月齢では運動からの構造復元は可能であるが，遮蔽関係からなる奥行き空間に正しくリーチングできるには5ヶ月齢まで待たねばならない．そして，運動透明視が，ほぼ大人と同じ精度で見えるようになるのもまた，5ヶ月齢である．

最近になって，この「生後5ヶ月ごろに運動情報などを統合して遮蔽関係が理解できるようになる」という仮説をはっきりと示す結果が得られた（Otsuka et al., in press）．J. マクダーモットら（McDermott et al., 2001 ; McDermott & Adelson, 2004）が作成した刺激を用いて，部分的なラインの統合能力を，3ヶ月齢と5ヶ月齢の乳児で検討したのである．

図6-10 動きからの構造の補完
(McDermott et al., 2001 ; McDermott & Adelson, 2004)

この刺激は，図6-10上にあるように，正方形の4つの頂点を4つの四角形が遮蔽し，4つの辺が部分的にしか見えないようになっている．このままでもある程度背後にある正方形を「補完」することはできるが，この遮蔽された線を動かすと，はっきりと正方形を補完することができる．おもしろいのは，この4つの遮蔽物を取り除いたときだ．4つの四角形の遮蔽物を取り除き，4つの辺を先ほどとまったく同じように動かしてみる．今度は補完はまったく生じず，4つの辺がばらばらに動いて知覚されることになる（図6-10下）．実は，この辺の動きは，もともと遮蔽物を除いた下の図と同じように，バラバラに動いているのである．それがわれわれ大人の眼から見ると，遮蔽している四角形があることで，4つの辺の動きが統合され，背後に正方形を構成するのである．

では，この統合能力はいつごろ発達するのであろうか．馴化法を用いた実験の結果，3ヶ月齢の乳児では，この統合能力を獲得していない．それが5ヶ月

齢以上になると，遮蔽物の背後に回転する正方形を補完して知覚することができた．つまり，動きから遮蔽の関係を理解し，輪郭といった形を構成する能力は，やはり生後5ヶ月ごろ発達してくることが示されたのである．

▶ 奥行き知覚からリーチングやハイハイへ

以上のさまざまなデータをふまえて，知覚発達の1つの区切りを生後5ヶ月と考えた上で，新生児から5ヶ月齢までの乳児にとって主観的世界がどのように見えているのかを以下のように推測してみたい．

まず新生児の段階では，運動情報は行動と直結したいわば「命令」の形で乳児の前に立ち現れる．その後，1ヶ月齢から2ヶ月齢にかけて，新皮質の発達とともにそうした「強制的な」知覚は消え，「命令」から主体的な「判断」となる．最初の知覚ともいうべき運動視への感度が2ヶ月齢ごろに現れ，3ヶ月齢ごろにいったん完成する．しかし，この段階においては，運動情報は視野全体で統合されているとはいえ，あくまで平板なものであり，重なりや奥行きといった空間にかかわる情報を取りだすことはできない．現に，複数の運動を重ねてしまうと，乳児はそれらを分離することができない．ここから4ヶ月齢ごろに成立する立体視を手がかりに，少しずつ，より高次の運動情報の処理が獲得されていく．そして5ヶ月ごろには，重なりを分離したり，奥行きをもった世界を構成できるようになる．重なりあい，部分的に何かに覆われ隠されているものであっても，決してそれが欠けているのではなく，見えない部分も背後に存在し続けていることが理解できるようになるのである．

もちろん，知覚発達にとってここが1つの区切りだとはいえ，完成というわけではない．むしろすべての前提となるフォーマットがようやく出揃ったにすぎない．たとえば，7ヶ月齢ごろになれば，陰影に対してその空間関係を把握した上で近いものに対してリーチング反応ができるようになるし（Granrud et al., 1985），また同じく7ヶ月齢ごろに，陰影と動きの情報を統合し，奥行きを知覚できるようにもなる（Imura et al., 2006）．

リーチングが可能となるためには，陰影，重なり，動きなどの複数の奥行き

手がかりから，外にある世界の奥行きや位置を，うまく推定できていなければならない．こう考えると，さまざまな知覚発達は，生後7ヶ月ごろにリーチングができるようになるための準備段階とみることもできる．そしてさらにそのリーチングの先に，ハイハイに始まり歩行へとむかう運動能力の発達があるのである．仮にそうであるなら，古くから議論し，これからも議論され続けるであろう，「知覚は経験によりつくられるのか」という「氏か育ちか」の問いかけに，運動を前にした知覚の完成という事実をもって，「生得説」の側に立った回答を行うことは可能ではある．しかし，早急な結論よりも，知覚発達の1つ1つのパーツが，どのように積み上げられて，大人の知覚世界ができあがるのかを丹念にみる必要があるだろう．

引用文献

Arterberry, M. E., & Yonas, A. (1988). Infants' sensitivity to kinetic information for three-dimensional object shape. *Perception & Psychophysics*, **44** (1), 1-6.

Arterberry, M. E., & Yonas, A. (2000). Perception of three-dimensional shape specified by optic flow by 8-week-old infants. *Perception & Psychophysics*, **62** (3), 550-556.

Banton, T., & Bertenthal, B. I. (1996). Infants' sensitivity to uniform motion. *Vision Research*, **36** (11), 1633-1640.

Banton, T., Bertenthal, B. I., & Seaks, J. (1999). Infants sensitivity to statistical distribution of motion direction and speed. *Vision Research*, **39** (20), 3417-3430.

Banton, T., Dobkins, K., & Bertenthal, B. I. (2001). Infant direction discrimination thresholds. *Vision Research*, **41** (8), 1049-1056.

Bertenthal, B. I., & Bradbury, A. (1992). Infants' detection of shearing motion in random-dot display. *Developmental Psychology*, **28**, 1056-1066.

Bertenthal, B. I., Proffitt, D. R., & Cutting, J. E. (1984). Infant sensitivity to figural coherence in biomechanical motions. *Journal of Experimental Child Psychology*, **37**, 213-230.

Bertenthal, B. I., Proffitt, D. R., Spetner, N. B., & Thomas, M. A. (1985). The development of infant sensitivity to biomechanical motions. *Child Development*, **56**, 531-543.

Bertenthal, B. I., Proffitt, D. R., & Kramaer, S. J. (1987). Perception of biomechanical motion by infants : Implementation of various processing constraints. *Journal of Experimental Psychology : Human Perception and Performance*, **13**, 577-585.

Birch, E. E., Gwiazda, J., & Held, R. (1982). Stereoacuity development for crossed

and uncrossed disparities in human infants. *Vision Research*, 22 (5), 507-513.
Birch, E. E., Shimojo, S., & Held, R. (1985). Preferential-looking assessment of fusion and stereopsis in infants aged 1-6 months. *Investigative Ophthalmology & Visual Science*, 26, 366-370.
Booth, A. E., Pinto, J., & Bertenthal, B. I. (2002). Perception of the symmetrical patterning of human gait by infants. *Developmental Psychology*, 38, 554-563.
Craton, L. G., & Yonas, A. (1988). Infants' sensitivity to boundary flow information for depth at an edge. *Child Development*, 59, 1522-1529.
Curran, W., Braddick, O. J., Atkinson, J., Wattam-Bell, J., & Andrew, R. (1999). Development of illusory-contour perception in infants. *Perception*, 28, 527-538.
De Bruyn, B., & Orban, G. A. (1988). Human velocity and direction discrimination measured with random dot patterns. *Vision Research*, 28, 1323-1335.
Fox, R., & McDaniel, C. (1982). The perception of biological motion by human infants. *Science*, 218, 486-487.
Gibson, J. J. (1966). *The senses considered as perceptual systems.* Boston : Houghton-Mifflin.
Gibson, J. J., Kaplan, G., Reynolds, H., & Wheeler, K. (1969). The changes from visible to invisible : A study of optical transitions. *Perception & Psychophysics*, 5, 113-116.
Granrud, C. E., Yonas, A., & Opland, E. A. (1985). Infants' sensitivity to the depth cue of shading. *Perception & Psychophysics*, 37, 415-419.
Held, R., Birch, E. E., & Gwiazda, J. (1982). Stereoacuity of human infants. *Proceedings of the National Academy of Sciences, USA*, 77 (9), 5572-5574.
Imura, T., Yamaguchi, M. K., Kanazawa, S., Shirai, N., Otsuka, Y., Tomonaga, M., & Yagi, A. (2006). Perception of motion trajectory of object from the moving cast shadow in infants. *Vision Research*, 46 (5), 652-657.
Johnson, S. P., & Aslin, R. N. (1995). Perception of object unity in 2-month-old infants. *Developmental Psychology*, 31, 739-745.
Johnson, S. P., & Aslin, R. N. (2000). Infants' perception of transparency. *Developmental Psychology*, 36, 808-816.
Johnson, S., Bremner, J. G., Slater, A., & Mason, U. (2000). The role of good form in young infants' perception of partly occluded objects. *Journal of Experimental Child Psychology*, 76, 1-25.
Kanazawa, S., Shirai, N., Otsuka, Y., & Yamaguchi, M. K. (2006). Perception of opposite-moving dots in 3- to 5-month-old infants. *Vision Research*, 46 (3), 346-356.
Kanazawa, S., Shirai, N., Otsuka, Y., & Yamaguchi, M. K. (2007). Perception of motion transparency in 5-month-old infants. *Perception*, 36 (1), 145-156.
Kaufmann-Hayoz, R., Kaufmann, F., & Stucki, M. (1986). Kinetic contours in infants' visual perception. *Child Development*, 57, 292-299.
Kellman, P. J., & Spelke, E. S. (1983). Perception of partly occluded objects in infan-

cy. *Cognitive Psychology*, **15**, 483-524.

McDermott, J., & Adelson, E. H. (2004). The geometry of the occluding contour and its effect on motion interpretation. *Journal of Vision*, **4** (10), 944-954.

McDermott, J., Weiss, Y., & Adelson, E. H. (2001). Beyond junctions : nonlocal form constraints on motion interpretation. *Perception*, **30**, 905-923.

Otsuka, Y., & Yamaguchi, M. K. (2003). Infants' perception of illusory contours in static and moving figures. *Journal of Experimental Child Psychology*, **86** (3), 244-251.

Otsuka, Y., Konishi, Y., Kanazawa, S., & Yamaguchi, M. K. (in press). The effect of occlusion on motion integration in infants. *Journal of Experimental Psychology : Human Perception and Performance*.

Owsley, C. (1983). The role of motion in infants' perception of solid shape. *Perception*, **2**, 707-717.

Qian, N., Andersen, R. A., & Adelson, E. H. (1994). Transparent motion perception as detection of unbalanced motion signals. I. Psychophysics. *Journal of Neuroscience*, **14** (12), 7357-7366.

Wattam-Bell, J. (1992). The development of maximum displacement limits for discrimination of motion direction in infancy. *Vision Research*, **32** (4), 621-630.

Wattam-Bell, J. (1994). Coherence thresholds for discrimination of motion direction in infants. *Vision Research*, **34** (7), 877-883.

Wattam-Bell, J. (1996). Visual motion processing in one-month-old infants : Preferential looking experiments. *Vision Research*, **36** (11), 1671-1677.

Yonas, A., Arterberry, M. E., & Granrud, C. E. (1987). Four-month-old infants' sensitivity to binocular and kinetic information for three-dimensional-object shape. *Child Development*, **58** (4), 910-917.

第7章 形を見る

1 形を見る法則

　乳児に「形が見える」ということを，いったいどうやって証明することができるのだろうか．言葉が通じる学童期の子どもを対象とした研究では「これは三角形ですか」と言葉で聞いて確認することができる．「三角形」という言葉は「三角形」の定義と同義であり，3つの線に囲まれた形を指すのである．
　そもそも，こうした言葉による定義なしに形が見えるということが，ありうるのだろうか．「三角形」という言葉や意味がわからない状態では，三角形はわからないのか．それともそうした意味や言語以前に形というものが脳内に存在するのか．

▷ ゲシュタルトの法則

　私たち大人は形を瞬時に見抜くことができる．形を見ることは当たり前のように思えるが，特殊な能力でもある．たとえば，手術によって新たに視力を獲得した先天性の視覚障害患者にとって，形を見るのはとても難しい．一つ一つ，角の存在を確かめて，「角が3つあるから，三角形」と認識するのである．改めて三角形を眺めてみると，こうした患者の行動にも納得がいく．三角形とひとくくりにするが，鈍角をもつ三角形，正三角形，……それぞれの形はまちまちだ．正三角形もそうでない三角形も，同じ三角形として見ること自体が驚くべきことなのだ.
　そもそも形がわかることにはいくつかの前提条件が必要だ．こうした前提条件にかんする検討は，ゲシュタルト心理学が行ってきたテーマである．ゲシュタルト心理学は，ヒトは生得的に「よい形」を見る能力をもっていると主張し，

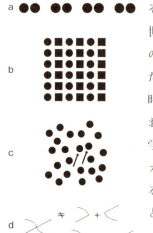

図 7-1　ゲシュタルトの法則
a：近接（proximity or nearness），b：類同化（similarity），c：共通運命（common fate），d：よき連続（good continuation），e：よい形（good figure）．

その「よい形」について専門に追究してきた，20世紀初頭ドイツで生まれた心理学の一派である．このゲシュタルト心理学はあらゆる分野に影響を与えた，心理学の基礎といえる．影響の要因には皮肉な時代背景もある．第2次世界大戦のナチス侵攻のあおりを受け，ドイツにいた優秀なゲシュタルト心理学者たちはアメリカに渡り，社会心理学からアメリカの知覚心理学で特異な位置にあるギブソン派に至るまで，さまざまな領域の心理学に影響を与えることになったのである．

さてゲシュタルト心理学が明らかにしたゲシュタルトの法則とは，非常にかんたんに言ってしまえば，「ひとまとめにして見ること」の法則だ．ひとまとめにして見ることは，モノを見る上での基本中の基本である．この法則は，さらにいくつかの下位法則に分けることができる．それは知覚的体制化の法則（the law of perceptual organization）とも呼ばれ，部分から全体へどのように構造化されるかという規則を示すものである．

この法則の下位法則は，以下の通りだ．

図7-1のように，「近くにあるもの」を1つのグループとして見ること．「似ているもの」どうしを1つにまとめて見ること．「同じような動きをするもの」を1つのグループと見ること．そして，丸や三角形，正方形といった，「美しい形」「よい形」を前提として見ることだ．

特に最後の「よい形」を見る法則は興味深い．ゲシュタルト心理学の発祥の地ドイツ語では「よい形」を表す「プレグナンツ」という単語があったため，「プレグナンツの法則」と呼ばれる．形に見えるかどうかあいまいな場合，私たちは積極的に「よい形」に見ようとするのである．「美しい形」という雛形

第7章　形を見る

が私たちの頭の中に埋め込まれていると考えるのである．

▶ 図と地の法則

私たちがごく普通に景色を眺め，そこに木という形を認識できるのも，背景（地）から対象（図）を切り分けているからこそである．さまざまある雑多な背景を無視して，注目すべき対象を切りだすことはとても重要だ．いったいどのような基準によっ

図7-2　図と地の反転（ルビンの杯）
(Rubin, 1921)

て，この切りだしが行われているのかは，心理学の中では古くて新しい問題である．

それは，「図と地の問題」といわれる．簡単にいってしまえば，図とは前景，地とは背景をさす．その仕組みは，図と地が交代するようにつくられた「図と地の反転図形」に顕著にあらわれる．

図7-2の中には，向かいあう人の横顔と杯とを交互に見ることができる．ただしとても重要なことに，一度に見える形は1つだけだ．杯を見ているときは，自然と杯に注意が向く．そのときに形として見えるのは杯だけで，人の横顔は背景に埋もれてしまい，形として見えないのだ．そしてそのとき，杯が背景の手前にあるかのように見える．こうした杯に与えられた特徴は，人の横顔を見た場合には，すべて逆転する．形として見えるのは人の横顔だけになり，杯は背景となって背後に埋もれてしまう．そして先ほどとは逆に，人の横顔のほうが手前にあるように見える．絵の構図そのものは変わらないのに，どちらを図と見るかだけで，見た目は変わるのだ．これは，1900年代にE.ルビンが明らかにしたものである．

こうしたあいまい図形は特別なもので，たいていの場合，図は明確に定義される．面積が小さく，輪郭に囲まれ，図の配置の中でより上の位置にあるもの．これらが備わっていると，それが図となり形として見えるのだ．こうした法則

に基づき，私たちは世界を見ている．背景から図を切りだす能力の解明は難しく，いつ頃からわかるか解明されていない．そういう意味でも「図と地の問題」は，古くて新しい，根本的な問題なのである．

2 形の基本がわかるのか

▷ 縦と横の区別

乳児を対象とした形の実験は難しい．うっかりすると，形にまったく関係のない情報を使って区別してしまうからだ．とにかく形に関係のない，意味のない情報によって判断されないよう，細心の注意を払って実験を行わねばならないのだ．手はじめとしてこんな実験が行われている．形の基本である線の方向の区別がつくかを調べた実験だ．関係のない部分を無視して，線の方向を判断できるかを調べたのだ．P. C. クインら（Quin et al., 1993）によって，3ヶ月齢の乳児を対象に行われた（図7-3）．

まずは，点で書かれた縦線に馴化させる．その後，実線で書かれた縦線と横線を見せ，最初に見たものと違うかどうかを判断させるのだ．部分の違いである点に注目すると，点線と実線の違いに注意が行ってしまい，線の方向の違いがわかりにくくなる．線の方向を区別するためには，点線と実線の違いを無視し，点線も実線も同じ1つの線として捉えることが前提だ．点線と実線を同じ線として捉えることができれば，縦の点線を学習した場合，線の方向の違いに気づき，横の実線だけを違うとみなす．反対に，点線と実線の違いにとらわれてしまった場合，実線ということだけで，横線も縦線も同じように違うとみなしてしまうことになる．

実験の結果，3ヶ月齢の乳児は線の縦横方向の区別ができることがわかった．点線と実線の違いを無視し，全体として線を見る．これこそが形を見る基本なのだ．その基本は，意外に小さなころから備わっていることがわかったのである．

▷ 形の区別

それでは,形の認識はどうなのだろう.線と三角形とを識別できるか調べる実験が,A. E. ミレウスキ(Milewski, 1976)により3ヶ月齢の乳児を対象に行われた.実験では,図7-4のような,丸で構成された直線に馴化させる.その後,学習した形としていない形の区別ができるかテストを行った.

図7-3 縦と横の区別(Quin *et al.*, 1993)

図7-4 線と三角形の区別(Milewski, 1976)

テストでは丸の位置を変えた2つの形が見せられた.丸の間隔を狭くした直線と,三角形だ.どちらの形も,学習した形と同じ大きさと数の丸からつくられている.このうち,三角形という異なる形を判断できるかを調べるのだ.

形が区別できる証拠を出すためには,形の認識には関係のない線の位置の違いが区別の手がかりにならないように,細心の注意が払われる.形がわからなくとも,線の位置だけで,2つの形は区別できてしまうことがある.たとえば三角形と丸の区別を考えてみよう.なにも考えずにできるいちばん簡単な方法は,下のほうに水平な直線があれば三角形,と自動的に判断することだ.このような判断には,形の区別は関係ない.このような手がかりが入らないよう,乳児向けの形の認識実験は工夫されている.ミレウスキの実験では,テストのときと馴化のときとで,丸の位置を変えているので,線の位置で形を区別することはできない.形に無関係な局所的な手がかりが利用されないよう,配慮されているのである.さて実験の結果,直線の方向を判断する実験と同じように,3ヶ月齢でも形の区別はできた.三角形を違うものとみなし,形の違いから,図を区別できたのだ.

▷ 形を見る能力を探る実験の工夫

M. H. ボーンスタインら(Bornstein *et al.*, 1986)による実験では,線の位置に乳児が注目するのを,馴化の段階から防ぐ試みを行っている.4ヶ月齢の乳

図 7-5 三角形と十字の区別
(Slater et al., 1991)

児を対象に, 三角形をさまざまな方向で見せて学習させたのだ. 実験をはじめる前にまず, 乳児がそれぞれの三角形の方向に気づいていることを確認している. それぞれの形の違いを知った上で三角形を1つの形カテゴリに認識できるのと, そうでないのとでは, 形の認識にとっては格段の違いがある. そこで実験前に, 三角形の方向の違いがわかるか調べる実験が行われ, わずかな方向の違いも認識できることを確認した. 次に形の区別の実験に入る. まずは, 方向を変えた三角形に馴化させる. それぞれの三角形の違いを区別できた上で学習するため, まったく同じ形と方向の三角形で馴化するときよりも時間がかかった. それでも, 乳児はこれらの三角形に馴化できた. この後, 学習した図形と新しい図形を区別できるか調べるテストを行った. 馴化のときには見ていない方向の三角形と, まったく別の形を見せたのである. 実験の結果, 乳児は形の区別ができることがわかった. 乳児が形を区別できることを, より明確に示す結果である.

形を見る能力は, 意外にも生まれたばかりでも存在するかもしれない. 新生児を対象にした実験がある. A. M. スレーターら (Slater et al., 1991) は, 生後2日の新生児に三角形と十字架を区別する実験を行った. 図 7-5 に示したように, まず輪郭線の太さや角度を変えた, 一方の形に馴化させる. 馴化後, 再び角度と輪郭線の太さを変えたもとの形と, 別の形とを見せる. その結果新生児は, 学習した形と新しい別の形を, 違うモノと判断できたのだ. しかしこの実験には問題がある. 図をよく見ると, 十字架と三角形は, 図の真中に横線があるかないかで区別できる. 形と関係のない手がかりを使える余地を残しており, 実験としては不十分だったのだ.

乳児に形を区別させる実験に, 形をそのまま使うことには限界があるようだ. 特に輪郭線は, 大きな問題となる. そのため今では, 物理的輪郭線を使わない,

主観的輪郭を用いた実験が多くなっている．

3　主観的輪郭の見方

▷ 輪郭線が見える

「主観的輪郭」とは，四角形の物理的輪郭はわずかにしか（図7-6でいうと欠けた円の部分にしか）存在しないのに，存在しないはずの輪郭を頭の中で描いて四角形を見る．"主観的に"輪郭を見ている図形をさす．

図7-6で唯一輪郭をもった存在，四隅にあるパックマンのような欠けた円だけに注目してしまったら，この四角形は見ることができない．四角形を見るためには，局所的ではなく大域的に見ることが必要だ．なかなか難しそうな見方であるにもかかわらず，意外にも比較的月齢の低い乳児でさえも，主観的輪郭を知覚できる証拠がある．H. R. ギム（Ghim, 1990）は，3ヶ月齢の乳児を対象とした実験を行った．主観的輪郭の見える図に馴化させてから主観的輪郭のない図を見せる条件と，主観的輪郭のない図に馴化させてから別の主観的輪郭のない図を見せる条件とで，区別の程度を比べたのである．主観的輪郭の見える図から主観的輪郭のない図，主観的輪郭のない図から別の主観的輪郭のない図，どちらも欠けた円という局所的な違いは同じである．とはいえ主観的輪郭が見えるのと見えないのとでは知覚による差分は大きい．実験の結果，3ヶ月齢の乳児は，主観的輪郭があるものからないものへの違いは区別できたが，主観的輪郭のないものどうしの区別はできないことが判明した．主観的輪郭のない図どうしでも，主観的輪郭のある図とない図でも，欠けた円の方向が違うという局所的な点では変わりがない．欠けた円という部分に注目して区別していたら，主観的輪郭の有無で成績に違いが起こるはずはない．ということは，乳児は主観的輪郭の有無で図を見分けていて，欠けた円の方向の違いでは見分けていないことになる．つまり，乳児も大人と同じように，主観的輪郭を全体の図として見ることができるというわけだ．

さらに大塚と山口（Otsuka & Yamaguchi, 2003）は，選好注視法を用いて主

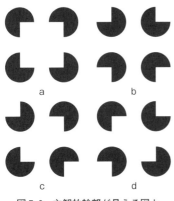

図 7-6 主観的輪郭が見える図と見えない図
左上は主観的輪郭が見えるが，欠けた円を1つでもひっくり返すと見えなくなる．

観的輪郭の実験を行った．主観的輪郭と主観的輪郭が崩れた図形を並べると，乳児は主観的輪郭を好む．なぜなら主観的輪郭がもし見えたとしたならば，その図には乳児の好む図形の要素，①輪郭をもち，②大きく，③主観的輪郭がやや手前に見える立体構造を備えているからだ．図7-6 a の主観的輪郭と，この円の部分を回転させたbとを並べ，主観的輪郭を好むかどうかを実験で調べた．大塚らはこの時，見えやすさを調整した．最初の実験では，欠けた円を動かして，乳児に注意を促し，主観的輪郭を見えやすい状態にしたのだ（Otsuka & Yamaguchi, 2003）．するとギムの場合と同様に，3ヶ月齢でも，主観的輪郭を区別できることがわかった．先に第6章でも触れたように，動かして呈示することは形の認識を促進するのである．

さらに今度は静止した状態のままで主観的輪郭の見えやすさを操作した（Otsuka et al., 2004）．欠けた円を大きくして主観的輪郭の見えやすさの強度を強くすれば，3ヶ月齢でも知覚することが判明したのだ．形を見る能力は，生まれつきとまではいかないまでも，意外に月齢の低い乳児にも存在するのである．

▷ 奥行きが見える

主観的輪郭の見方には，もう少し高度な見方もある．もう一度，主観的輪郭の四角形と欠けた円の位置関係に注意して，図を見よう．四角形が手前にあって，後ろにある4つの丸い円を覆い隠しているように見えないだろうか．このように，主観的輪郭を見るとき私たち大人は，2つの図形の奥行き関係を仮定しているようだ．K. F. コンドリーら（Condry et al., 1980）は，4ヶ月齢と7ヶ月齢の乳児を対象に，このような見方をしているかを調べる実験を行っている．

実験では，まず主観的輪郭の図に馴化させる．
そしてテストでは，1つの欠けた円と，1つ
の完全な円を見せる．もし，乳児が大人と同
じような見方をしているなら，四角形の後ろ
に完全な円を見ていることになる．その際に
は物理的に存在している欠けた円は，見てい
ないことになるので，そちらを新奇なものと
して長く注視する．逆にもし乳児が，大人の
ような立体的な見方をしていないとしたら，
物理的に存在している欠けた円を見ているこ
とになるので，完全な円のほうを長く注視す

図7-7 主観的輪郭と奥行き知覚
（Csibra, 2001）
主観的輪郭の後ろを通りぬけるアヒル（上）
と，手前を横切るアヒル（下）．

ることになるわけだ．実験の結果，7ヶ月齢以上の乳児では大人と同様，完全
な円を主観的輪郭に見ていると判断された．

　もう1つ同じような実験が，G. シブラ（Csibra, 2001）によって行われた（図
7-7）．アヒルが主観的輪郭の四角形の手前か，後ろを横切って泳いでいくアニ
メーションを見せる．四角形は手前にあるように見えるから，アヒルはその後
ろを横切るほうが自然に見える．反対にアヒルが四角形の手前を横切るのは，
なんとなく不自然にすら感じるのである．5ヶ月齢と8ヶ月齢の乳児にこれら
のアニメーションを見せる．すると，8ヶ月齢の乳児だけに，アヒルが手前を
横切る不自然なアニメーションをびっくりして注目する様子が観察された．乳
児は見慣れていない不思議なモノに注目する傾向がある．実験時の乳児の様子
とこの傾向から，8ヶ月齢以上の乳児は，アヒルが手前を横切るアニメーショ
ンを見慣れていない，すなわち不自然と感じられるようになると推測できるの
である．

　月齢が上がらないと，主観的輪郭に奥行きを知覚することはできないようだ．
こうした主観的輪郭の「見方」に違いがあることは，形を見ることの奥深さを
暗示するものだ．

4　隠れた形を見抜く

▷ 輪郭線を補う——モーダル補完とアモーダル補完

　部分的に物理的に途切れた輪郭線を頭の中で補完して知覚する能力には，2つの種類がある．

　モーダル補完とアモーダル補完である．この2つの補完をきれいに表したのが，大塚ら（Otsuka et al., 2006a, 2006b）の2つの図（図7-8 a・b）だ．これらは，どちらも四角形と円がくっついた，同じような図だ．ところがこれらの円と四角形はまったく異なる能力によって認識される．そして乳児を対象とした実験によって，この違いは顕著となった．

　図7-8のaでは，円と四角形の輪郭は融合している．一方でbでは，円が部分的に四角形に隠されている．輪郭線が融合しているところに輪郭を見るのがモーダル補完で，隠されて見えないところに輪郭を補完するのがアモーダル補完である．それぞれ異なる理由によって，それぞれの図の円の輪郭は不完全なのである．完全な円と四角形を見るためには，aのモーダル補完では融合した輪郭線を頭の中で補って見る必要があり，bのアモーダル補完では，隠れた輪郭線を補って見る必要がある．

　大塚ら（Otsuka et al., 2006a）は図7-8を用いて，3ヶ月齢から6ヶ月齢までの乳児を対象として馴化法を用いた実験を行った．まずは図7-8のモーダル補完の図aに，完全な円と四角形を認識できるかを調べる実験である．aに馴化させた後に，cの欠けた円とdの完全な円とを見せ，どちらの形をaに見ていたかを調べるのだ．aには，どちらの形も存在しない．ただし，私たち大人と同じようにaを見ることができたとしたら，物理的には存在しない輪郭を補い，完全な円dと四角形を見ていることになる．その際，欠けた円cではなく，完全な円dを見ていたと選択するはずだ．bの実験も同じように行われた．まずbに馴化した後，cの欠けた円とdの完全な円とを見せる．bには，欠けた円cが物理的に存在する．しかし，大人と同じように，隠された部分を補っ

て認識していたら，bの中に完全な円d を見ていることになる．実験の結果，a は生後3ヶ月ごろ，bのほうはより遅く 生後5ヶ月ごろになって知覚されること がわかった．これらの時期に，大人と同 じように，完全な円を見ることができた のだ．つまり，輪郭線を補って見ること ができるモーダル補完が見られるように なるのは，生後3ヶ月ごろ，隠された部 分を補って認識できるアモーダル補完が 見られるようになるのは，生後5ヶ月ご ろということになる．

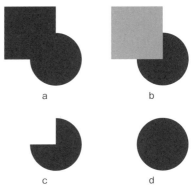

図7-8 モーダル補完（a）とアモーダル補完（b）
aは輪郭線を知覚的に補う．bは隠された背後に輪郭線を構成する必要がある．

▶ 補完と透明視

　輪郭線を補うよりも，隠された部分を補って形を見るほうが難しい．では，もう少し見やすくしたら，どうなるだろう．背後の図を隠している図形を半透明にして，背後にある図を透かして見えるようにするのである．大塚らは「透明視」と呼ばれる実験を行った（Otsuka et al., 2006b）．先の実験と同じ構図の図形を半透明にした．半透明な四角形の背後に，円が見える図7-9を使って，先ほどとまったく同じように乳児を対象として馴化を使った実験を行ったのだ．

　実験の結果，半透明な四角形の背後に完全な円が存在することへの理解は，隠された円を見るよりもたやすいことがわかった．生後3-4ヶ月と，わりと早い時期にできたのである．乳児の場合，半透明にして後ろの形を見やすくすることによって，隠された形の見えは容易になるということである．とはいえ視力の悪い乳児の場合，半透明にしたからといってそれが見やすさに直結するとは限らない．たとえば極端に視覚が悪い大人の場合，ガラスなど透明なものを透かして見るのは難しい．境界線があいまいであったり複雑になるからだ．つまりこのことから，乳児が隠されたものが見えたり見えなかったりするのは，

図7-9 透明視の図

視力が原因ではないとも考えられる．視力のよしあしとは違う，別の理由が効いている可能性があるのである．

ではなぜ，乳児にとって隠れた形を見るのは難しいのだろうか．隠れたものを認識するためには，前提となる認知能力がある．たとえば先の図7-8を見るとき，円と四角形ではどっちが手前でどっちが後ろかという，2つの形の前後関係を理解する必要がある．2つの形の重なりは奥行きを表し，3次元世界の理解につながる．こうした奥行きを前提とした形の見方は高度で，乳児にとっては難しいようである．それがモーダル補完とアモーダル補完の成立のずれにつながっているようだ．

そもそも眼の網膜が受け取る映像は2次元である．この2次元の映像から3次元の構造を，脳がつくりあげているのである．

5　形の知覚から顔の知覚へ

▷ 枠にとらわれる

形を見るときの，乳児特有の現象がある．

境界線や枠の影響だ．幼い乳児が形を見るとき，境界線に注目する．視力の悪い乳児にとって境界線そのものは，白黒のコントラストがはっきりしていて目立ちやすいという特徴をもつからだ．境界線に注目することによって，形の把握は容易になる．とはいえ非常に幼い乳児の場合，境界線や枠にひきつけられすぎるという特徴がある．枠に注意が行きすぎるため，枠の内部に注意が行き届かず，内部の形を認識できないというのだ．ほんとうに乳児は枠にひきつけられすぎるのか，1ヶ月齢と4ヶ月齢の乳児を対象に，図7-10のaとbのペアを区別できるかどうか調べる実験が，ミレウスキ（Milewski, 1979）によって行われた．

実験の結果，4ヶ月齢ではaもbも区別できたが，1ヶ月齢ではbは区別で

きるが，aは区別できないことがわかった．とこ
ろでそもそも中に書かれた小さな図形を，当の乳
児たちが区別できないのでは話にならない．その
ため，周りの枠を外して中だけを見せ，中にある
小さな図形を区別できるかが調べられた．このと
きは，1ヶ月齢でも区別できたのだ．

a 周囲が同じで内部は違うペア

つまり，aが区別できないのは視力の発達とは
関係がない．1ヶ月齢では，図形が囲まれた場合
に限り，区別できなくなるのだ．枠組みに注意が

b 周囲が違って内部は同じペア

図 7-10 枠組み効果を調べる

行きすぎて，その中を見ることができない．この現象は，「枠組み効果」と呼
ばれる．この「枠組み効果」をなくす方法がある．aの図の内部を点滅したり
動かしたりして見せる．今度は，内部を区別できなかった1ヶ月齢の乳児でも，
内部に注目し，違いを区別できるようになるというのだ．

　枠組み効果は，顔を見る能力にも関係している可能性がある．たとえば生後
数週の乳児は，母親が髪型を変えたり，眼鏡をはずしたりするだけで，母親と
わからないそぶりをみせる．このころは，目につきやすい外枠の特徴で母親を
区別しているためであろう．興味深いことに，「枠組み効果」が消失する時期
と，髪型なしで母親の顔を認識できる時期はほぼ一致している．乳児が髪型に
注目するのも，枠組み効果の理由によるのかもしれない．そして顔における
「枠組み効果」も，動きで効果を抑制することができそうだ．これを示唆する
のが，新生児模倣である．生まれたばかりの新生児が，何度も何度も目の前で
舌を出したり引っ込めたりする顔を見せられつづけると，そのうち同じように
舌出し行動をする新生児模倣は，顔の内部に注目できなくては不可能だろう．
このときも，動きが鍵となっている．舌や口が動いているため，「枠組み効果」
を抑制して顔の内部に注目することができたのだ．そのため生まれてすぐの新
生児でも，顔の模倣ができたと考えられるのである．

a 左右対称

b 多軸対称

図7-11 左右対称図形 a と対称軸の多い図形 b (Humphery & Humphrey, 1989)

▷ 左右対称という魅力

形の中で特殊な位置を占めるものに，左右対称図形（図7-11 a 参照）がある．私たちは左右対称性に神聖さを感じたり魅力を感じたりする．左右対称図形に魅力を感じることは，生まれつきなのだろうか．乳児を対象とした実験の結果は残念ながら10ヶ月齢以下の乳児が，左右対称図形や左右対称顔を好むという確定的な証拠は得られていない．ただし，対称軸が多い図形（図7-11 b 参照）は，4ヶ月齢の乳児に好まれることが，G. K. ハンフリーら（Humphery & Humphrey, 1989）によって報告されている．

生後4ヶ月は，左右対称図形を見るにあたって，重要な時期のようである．この月齢を対象に，図形に馴化するまでにかかる時間を調べたハンフリーら（Humphery et al., 1986）の実験で，左右対称図形には馴化するのが早いことがわかった．

馴化が早いとは，何を意味するのだろうか．ひとつの見方として，左右対称のモノは自然界に多く存在するため，乳児が既にたくさん見て飽きている（日常で既に馴化している）ということがある．顔認知研究者のG. ロッズら（Roeds et al., 2002）は，乳児を対象にした実験を行い，乳児が平均的な整った顔よりも，平均から離れて変わった顔を好んで見ることを発見した．平均的な顔や左右対称という均整の取れた形は，このころの乳児は既に見飽きている（既に馴化している）ため，実験で馴化するのが早いと考えるのだ．

C. B. フィッシャーら（Fisher et al., 1982）が行った実験では，乳児のまたちがった特徴が明らかになった．4ヶ月齢の乳児を対象に，図形の区別実験を行ったところ，左右対称図形（垂直左右対称）に馴化した場合には，図形の区別がしやすかった．ところが，左右対称図形を横にすると（水平左右対称），この効果は消えてしまったのだ．垂直左右対称が，重要なのだ．

第9章でも紹介する，F. シミョンら（Simion et al., 2002）の新生児が好む顔の図形的特性も，上下の非対称性が重要な鍵ということで，左右には広がりが

あった．

　どうやら上下と左右で，対称性の広がりの意味が異なるようだ．空間を認識する際，私たちは左右の空間の広がりを均質と捉えるのに対し，上下の空間は質的に違うと捉える傾向があるのかもしれない．たとえば，小さな子どもは左右の違いを認識するのに苦労しても，上下を取り違えることはない．このように左右の空間の広がりに均質性を感じることが，左右対称図形に安定性を感じることにつながっているのかもしれない．

　これとは反対に私たち大人は，空間を上下で別のモノと切り分けて考えているふしがある．そうなると，左右対称図形が横になった上下対称図形に，安定性を感じにくくなるわけだ．たとえば，私たちは見慣れたものを上下逆さにすると，まるで違うものと感じることがある．第9章で詳しく説明するが，いちばん身近である顔も，逆さにするとわかりづらい．そして大人のみならず5ヶ月齢程度の乳児でも，既に同じような見方を獲得していることが判明した．

　左右対称図形が馴化しやすく区別しやすいことは，左右対称に関するもう1つの見方——雛形の存在——の可能性を示すものでもある．文字を見る場合のアルファベットのような役割をする「雛形」である．この雛形を基本に，他のさまざまな図形は，スペルをつくるように構成されて認識される．雛型の図と雛型で構成された図は，アルファベット単体とアルファベットでつくられた単語のような関係となる．アルファベット1つのほうが簡明なため，単語よりも，見つけやすいし，馴化しやすいし，区別しやすい．左右対称図形も雛型の1つとして，この特徴を兼ね備えていると考えるのだ．

　実際のところ，左右対称図形が図形一般の中でどういう位置にあるかは，いまだ解決されない謎の1つである．

引用文献

Bornstein, M. H., Krinsky, S. J., & Benasich, A. A. (1986). Fine orientation discrimination and shape constancy in young infants. *Journal of Experimental Child Psychology*, **41**, 49-60.

Condry, K. F., Smith, W. C., & Spelke, E. S. (1980). Development of perceptual organization. In F. Lacerda, C. von Hofsten, M. Heimann (Eds.), *Emerging Cognitive Abilities in Early Infancy* (pp. 1-28). Mahwah, NL : Lawrence Erlbaum Associates.

Csibra G. (2001). Illusory contours figures are perceived as occluding surfaces by 8-month-old infants. *Developmental Science*, **4**, 7-11.

Fisher, C. B., Ferdinandsen, K., & Bornstein, M. H. (1982). The role of symmetry in infant form discrimination. *Child Development*, **52**, 457-462.

Ghim, H. R. (1990). Evidence for perceptual organization in infants : Perception of subjective contours by young infants. *Infant Behaviour & Development*, **13**, 221-248.

Humphery, G. K., & Humphrey, D. E. (1989). The role of structure in infant visual pattern perception. *Canadian Journal of Psychology*, **43** (2), 165-182.

Humphery, G. K., Hamphrey, D. E., Mauir, D. W., & Dodwell, P. C. (1986). Pattern perception in infants : Effects of structure and transformation. *Journal of Experimental Child Psychology*, **41** (1), 128-148.

Milewski, A. E. (1976). Infants' discrimination of internal and external pattern elements. *Journal of Experimental Child Psychology*, **22**, 229-246.

Milewski, A. E. (1979). Visual discrimination and detection of configurational invariance in three-month infants. *Developmental Psychology*, **15**, 357-363.

Otsuka, Y., & Yamaguchi, M. K. (2003). Infants' perception of illusory contours in static and moving figures. *Journal of Experimental Child Psychology*, **86** (3), 244-251.

Otsuka, Y., Kanazawa, S., & Yamaguchi, M. K. (2004). The effect of support ratio on infants' perception of illusory contours. *Perception*, **33**, 807-816.

Otsuka, Y., Kanazawa, S., & Yamaguchi, M. K. (2006a). Development of modal and amodal completion in infants. *Perception*, **35** (9), 1251-1264.

Otsuka, Y., Kanazawa, S., & Yamaguchi, M. K. (2006b). Perceptual transparency in 3- to 4- month-old infants. *Perception*, **35** (12), 1625-1636.

Quin, P. C., Burke, S. & Rush, A. (1993). Part-whole perception in early infancy : Evidence for perceptual grouping produced by lightness similarity. *Infant Behaviour & Development*, **16**, 19-42.

Roeds, G., Geddees, K., Jeffery, L., Dsiurawiesc, S., & Clark, A. (2002). Are average and symmetric faces attractive to infants? Discrimination and looking preferences. *Perception*, **31** (3), 315-321.

Rubin, E. (1921). *Visuell Wahrgenommene Figuren*. Copenhagen : Gyldendalska Boghandel.

Simion, F., Valenza, E., Macchi, V., Turati, C., & Umiltà, C. (2002). Newborns' preference for up-down asymmetrical configurations. *Developmental Science*, **5** (4), 427-434.

Slater, A. M., Mattock, A., & Boremmer, J. G. (1991). Form perception at birth. *Journal of Experimental Child Psychology*, **51**, 395-406.

第8章 空間を見る

1 空間視の成立

▶ 生存のために必要な能力

　目の前にある空間世界を自由に動き回るためには，奥行きのある3次元空間を知覚することが必要だ．空間視の欠損は，日常生活を送る上で大きな障害となる．発達障害であるウィリアムズ症候群（Williams syndrome）の子どもたちには，こうした空間視能力に選択的な障害があると考えられている．

　ウィリアムズ症候群とは，染色体異常が原因で2万人に1人の確率で起こる疾病で，その特有な認知能力が注目されている（Nakamura et al., 2002）．その特徴は，コミュニケーション能力や聴覚機能の高さと空間認識能力の低さのギャップにある．社交的で誰にでも明るく流暢に喋ることができる一方で，空間視能力の低さは顕著で，自分の家の中ですら迷子になることがある．第2章でも説明したが，J. アトキンソン（Atkinson, 2002）はこのような発達障害が生じる原因を，腹側系（ventral stream）と背側系（dorsal stream）のそれぞれの経路の形成上の問題と位置づけている．すなわち，背側系が腹側系よりも先んじて発達するものの，背側系のほうが壊れやすいというのである．そして現存するさまざまな発達障害の原因は，この背側系の脆弱性にあると示唆している．

　空間を認識することは，生きていく上で欠くことができない．では，いつから空間視は形成されるのだろうか．

▶ 空間視の生得性

　空間視は生存するために必須であることから生得的であるという説と，環境の中で動き回ることによって獲得されるという説，この2つの対立がある．

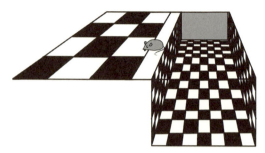

図8-1　視覚的断崖

　空間視の生得性を調べる実験は，E. J. ギブソンとR. D. ウォーク（Gibson & Walk, 1960）によって作られた有名な視覚的断崖（visual cliff）に起源がある．エレノア・ギブソンの自伝（ギブソン，2006）によれば，インプリンティングの実験補助をしているときに，生まれたばかりのヒツジが棚から落ちないようにする姿を見て，空間視の生得性を思いついたそうだ．視覚的断崖（図8-1）とは，人工的な断崖の上に硬質ガラスをはめた実験装置である．実験では装置の中央のプラットホームに被験体をのせ，落差の大きい断崖のほうに進むかどうかを調べる．被験体は生後間もないヤギやネズミで，視覚経験の効果を調べるため暗闇の中で育てられた．実験の結果，視覚経験のない個体でも，深い断崖のほうには渡ろうとしないことがわかった．奥行き知覚には，視覚経験の影響は少ないようである．

　一方で，先に説明したように視力発達には，視覚経験が必要不可欠である．たとえば視覚を剥奪されると視力が発達しないことから，視力は視覚経験によって改善されることが知られ，生後6ヶ月をピークに発達することも知られている．こうしたパタン認識や物体認識に結びつく視力発達と比べると，空間視には視覚経験が必要ではないようにもみえる．空間視は生きていくことに不可欠であるからこそ，視力とは異なる発達過程を経る可能性が考えられるのである．

▶ 近づく動きから空間を見る

　ところでこうした動物実験と比べると，ヒトは生まれてすぐには自分で移動

できない上に，視覚経験を奪って育てることも倫理上不可能である．そのため，ヒトを対象とした視覚的断崖実験は，ハイハイの生じる生後6ヶ月で検証された（Gibson & Walk, 1960）．移動能力に依存した実験では，ヒトの空間視がいつ発達するのか，あるいは生得性なのかを知ることは不可能である．そこで着目したのは，エレノア・ギブソンの弟子であるT. G. R. バウアーの発見した防御反応である（バウアー，1980）．行われた実験は，第5章で解説した，目の前に迫るボールの影に乳児が防御反応することを示したものだ．近づくものへの防御反応を示したこの結果は，新生児の運動視能力を知ることのみならず，驚くべき空間視能力をも示すことになった．新生児の段階で既に，奥行き方向の知覚が存在することを意味しているからだ．

とはいえ，新生児が成人と全く同じように奥行き知覚ができているというわけではない．新生児といえば，皮質が未発達で反射レベルでの反応しか示すことができないからだ．また，奥行き知覚の手がかりにはさまざまな種類があり，その種類によって発達時期が異なることが知られている．

バウアーは新生児でも3次元知覚を有すると主張する（バウアー，1980）が，大人と比べると幼い乳児の視覚能力には限界がある．したがって，6ヶ月齢以下の乳児に使用可能な奥行き知覚の手がかりにも限界があると考えるべきなのである．

視力が悪くても使用可能な奥行き知覚の手がかりの1つに，眼に映る大きさの変化がある．近づく物は徐々に拡大して眼に映る．網膜像上の大きさの変化は，奥行きを知る情報の1つである．そしてこれなら，視力が悪くても見える可能性は高い．第5章でも説明した，大きさの変化に着目した実験では，3ヶ月齢であれば視力は悪いながらも大人と同様に，遠ざかる動きに連動する縮小運動よりも，近づく動きに連動する拡大運動を検出しやすいことがわかっている（Shirai *et al.*, 2004a）．

次に検討されたのが，光学的流動だ．おんぶされたりだっこされたりで移動する場合，視力の弱い乳児でも，中心から外へと流れるように広がる景色の変化を観察可能と考えられる．白井ら（Shirai *et al.*, 2004b）はランダムドットを

使って光学的流動を拡大・縮小させて運動する実験を行った．これも第5章で実験内容を説明しているので，結果だけに触れると，速度が速く，運動エネルギーが強い条件では，2ヶ月齢でも接近印象の強い拡大運動を知覚できること，3ヶ月齢以上になれば，接近印象のある拡大運動を大人と同じような感度で知覚できることが示された．新生児とはいわないまでも，比較的幼い乳児でも奥行き方向の運動は知覚できるようなのである．

拡大・縮小運動にさらなる立体情報を付け加えると，どうなるだろうか．絵画的奥行き手がかりの1つで，影からでっぱりやへこみを表現することができる．このでっぱりとへこみの図形を先と同じように拡大・縮小させ，乳児の注意を調べる実験を白井と山口（Shirai & Yamaguchi, 2006）は行っている．実験の結果，奥行きに関する情報は多くなったものの，乳児にとって影からでっぱりやへこみを感じることが複雑なため，これを知覚できる月齢は高くなった．5ヶ月齢であれば，拡大するでっぱり図形を好んで見ることがわかった．このような動きには，成人も敏感であり（Shirai & Yamaguchi, 2004；Takeuchi, 1997），でっぱり図形を拡大させて見せると，接近印象をより強く実感すると考えられている．

これらの研究から，縦横そして奥行き方向から成る空間視では，自分に近づく方向の知覚が乳児にとっては重要であると推測される．

2　両眼で見る空間世界

▷ 両眼立体視の成立

ヒトはなぜ，眼を2つもっているのだろう．眼に入る映像は，右眼と左眼で異なる．これを「両眼視差」といい，簡単に体験することができる．眼前の景色に注目し，眼を動かさないようにして，右眼と左眼を順番に隠して観察する．すると，右眼と左眼で，ほんの少しずれた風景を観察することができる．さらにこの2つの眼からなる景色の差は，近景で大きく，遠景で小さくなる．このような景色の差から，対象の距離や立体を感じることができる．2つの眼があ

ることは,「立体」を見る能力に直結しているのである.

　3Dシアターや立体写真では,この眼の左右差を計算した映像をつくっている.画面上に右眼と左眼に入る映像を同時に映し,特殊なフィルターのついた眼鏡をかけると,右眼と左眼にそれぞれの映像が入る.眼鏡をかければ,目の前の映像が飛び出す立体感を味わえる.反対にこの眼鏡をはずして見ると,目の前には二重にぶれたような画像があるだけだ.

　この3Dシアターで使われているようなステレオスコープを生まれたばかりの乳児に装着し,両眼立体視の発達を調べる実験をバウアーら（Bower *et al.*, 1970）は行った.すると,生後1週でも立体像にリーチング反応を示すという.しかし現在では,リーチング反応はこれほど幼い新生児では出ないとされ,あまりにも早すぎるこの結果には疑問がもたれている.

　ブラディックら（Braddick *et al.*, 1986）は,ステレオスコープで立体に見えるものと見えないものを見せた時の,乳児の視覚誘発電位（VEP）を比較した.すると早くて生後2ヶ月,通常は生後3ヶ月以降に,立体に見えるか見えないかで脳活動に違いが現れるようになることが発見された.つまり両眼視差の成立には発達差もあるが,両眼視差が正確になるのはおおよそ生後3-4ヶ月ごろということになる.

▷ 輻輳と両眼立体視

　両眼で見るためには,そもそも両眼が連動して動かねばならない.遠くを見るとき,近くを見るとき,図8-2のように対象を的確に捉えるように両眼は動く.どんなときでも両眼ともに網膜の中心に映像が入るよう,連動して動くことが必要で,これは「輻輳」と呼ばれる.こうした「輻輳」の成立は早い.生後2-4ヶ月ごろの乳児でも,12 cmほど先にあるオモチャに,輻輳できるという（Aslin, 1977）.

　両眼で立体を見る能力は,この輻輳の成立にそって発達する.輻輳が乱れれば,立体視の発達も損なわれる.両眼で立体を見るためには,輻輳が要となる.そして斜視は,この輻輳を乱すものの1つである.

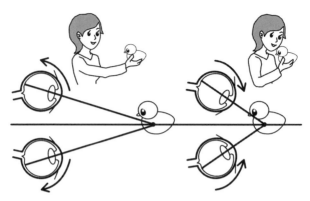

図 8-2 輻輳と両眼視差

　両眼立体視機能の発達を研究している E. E. バーチら（Brich & Stager, 1985）は，斜視の乳児を対象に，立体視力を調べる検査を継続的に行っている．ふだんは斜視の眼で生活している乳児に，毎月の検査のときだけ「斜視を矯正する眼鏡」をかけ，立体を見る能力を測ったのである．

　検査の結果は意外なものであった．生後 4 ヶ月までは，斜視を矯正したときの視力がよかった．ところが，生後 4 ヶ月を境に，斜視矯正時の成績は急激に悪くなったのだ．

　このことはつまり，生後 4 ヶ月までは矯正された正常な眼球の位置に合わせて，4 ヶ月以降は斜視である自分の眼球の位置に合わせて，立体を見ることを示している．斜視の眼で立体を見るようになると，矯正した立体視力は急激に悪くなっていくのである．生まれたときから私たちは 2 つの眼をもっている．しかしその 2 つの眼をうまく使って両眼で立体を見るためには，多少の訓練が必要とされるのだ．

▶ 両眼融合と両眼立体視

　「両眼融合」がいつ発達するかの実験も行われている．そもそも両眼で立体を見るためには，両眼からの映像を 1 つに融合できねばならない．M. S. バンクスら（Banks *et al.*, 1975 ; Hoffman & Creuzfeldt, 1975）によって行われた実

第 8 章　空間を見る

験は，図 8-3 のような課題である．斜め線をしばらく（10 秒以上）見続けた後，縦線を見る．すると最初に見た斜め線とは反対の方向に傾いて見える「錯視」が起こる．しかもこの錯視は，反対側の眼にも転移する．単眼で斜め線を見た後，見ていない反対側の眼で縦線を見ても，先ほどとまったく同じように，傾いて見える錯視が起こる．これは両眼からの映像が融合している証拠である．

この錯視の程度を，単眼と両眼の条件とで比較することによって，両眼の連携の強さを調べることができる．どのくらい傾斜して見えるか，すなわち錯視の強度を測る

図 8-3　両眼融合の実験

のである．さまざまな年齢で実験した結果，こうした能力は生後 3-6 ヶ月に現われはじめ，2-8 歳までに完成することがわかった．長い期間をかけて成立し，中でも重要な期間が 1-2 歳の間にあるということもわかっている．

両眼融合機能は，両眼立体視の機能と比べると，壊れにくい性質があるようだ．斜視の手術をしても，両眼融合機能のほうはすぐに回復するというのである．そもそも斜視の手術は，両眼の眼の位置を変えてしまい，両眼の連携のあり方自体も変えてしまうはずなのにだ．それにもかかわらず，なんと 2-4 歳に成長してからの治療でも，両眼融合機能は回復する余地があるというのである．生まれてから 2 年から 4 年間も続けてきた眼の動かし方を変えてしまうにもかかわらず，新しい眼の動きに再適応できるとは，驚くべきことである．ただしこの時点になると，両眼立体視機能のほうは回復できない．両眼からの映像が融合できたとしても，そこに立体を見ることができなくなるというわけである．両眼で見る立体視力は，眼球の動きとかかわりながら非常に早い時期に成立する一方で，斜視の影響で見えなくなるなど，脆い面もあるようだ．ただし，立

体を見る手がかりはこれだけではない．次に説明するようにさまざまな種類があり，たがいに補いあうのである．

3 単眼で見る空間世界

▶ 動きで見る運動視差

乳児は，動くものが大好きだ．この動きをもとに，奥行きを見ることができる．動いている電車から外の景色を眺めると，遠くにある山や月は電車と一緒に動き，手前にある駅舎は速い速度で過ぎ去っていくように見える．遠くの景色と比べると，近くの景色は速く動くように見える．この速度の違いから，奥行きを感じることができる．このように自分や対象が動くことによって対象からの距離がわかることを「運動視差」と呼ぶ．背側系は腹側系よりも先に発達することから，動きを見る発達は早いと言える．実際に動きをもとにした奥行き手がかりである「運動視差」も比較的早く発達することがわかっている．ちなみにこの「運動視差」は，単眼だけで立体を見る手がかりであるため，単眼だけで見るほうがよく見える．

乳児を対象に「運動視差」の発達を調べる実験を行ったのはC.ホフステンら (Von Hofsten et al., 1992) である．実験では同じ大きさと形の3本の棒が動いている映像を見せる．この3本の棒のうち真ん中の1本だけ，乳児の身体の動きにともなって動くように仕掛けてある．こうすることにより，運動視差から真ん中の棒だけが後ろにあるかのように知覚する．

乳児は3本の棒の位置関係を学習する．そしてその後，止まっている3本の棒の映像を2種類見せられる．1つは3本が同じ距離にある映像，もう片方は真ん中の棒だけ後ろにある映像である．このうちどちらを，学習した棒の位置関係と同じとみなしているかが調べられた (図8-4)．

運動視差の手がかりを利用できなければ，学習した棒は全て同じ距離にあるように知覚される．もし乳児が運動視差を利用できないとするなら，3本とも同じ距離にあるように見えるはずだ．もちろん，運動視差の手がかりを使える

とするならば，このような知覚は成立しない．その場合，真ん中の棒だけ後ろにあるように見える．

実験の結果，3ヶ月齢の乳児でも運動視差を利用できることがわかった．つまり，真ん中の棒だけが後ろにあると知覚していたのだ．生後3ヶ月というのは，奥行きを見るあらゆる手がかりの知覚の成立の中でも早い．動きがかかわる知覚は完成が早いようである．

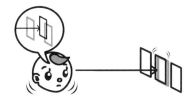

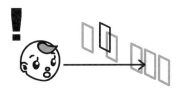

図 8-4　乳児の運動視差を調べる実験

▷ **絵画的奥行き手がかり**

美術の授業で習った遠近法では，手前にある対象は大きく，遠くにいくほど小さく描く．現実世界で奥行きを見るときにもこうした見方は利用され，絵画的奥行き手がかりと呼ばれる．

絵画的奥行き手がかりを利用して外界にかかわるかどうかについて，A. ヨナスら（Yonas et al., 1978）が実験を行っている．図 8-5 にある「エイムズの窓」と呼ばれる錯視図形が利用された．片側がつぶれたような窓は，大きい窓枠が実際よりも手前に，小さい窓枠は奥に見えるようにできている．

実験に入る前にヨナスらは，乳児は手を伸ばせる距離にあるものに手を伸ばし，さらに遠い物体よりも近い物体を選んで手を伸ばすことを確認した．その後の実験では片眼にパッチを貼った 7 ヶ月齢の乳児の目の前に，エイムズの窓を置いた．大小の窓枠は，どちらも乳児からの距離が同じになるようにまっすぐ置く．絵画的な奥行き手がかりのこの実験刺激には両眼視差が使われていないため，片眼のほうが見やすいのである．

すると 7 ヶ月齢の乳児は，大きな窓枠を積極的に触ろうとした．実験前に乳児がより近い物体に手伸ばし（リーチング）したことから推測すると，乳児はエイムズの窓の錯視にだまされているようである．つまりエイムズの窓は絵画

図 8-5　エイムズの窓に手を伸ばす乳児

的奥行き手がかりから，大きい窓枠はより近くにあるかのようにできている．大きい窓枠が近いと知覚できたために，乳児は頻繁に手伸ばししたと推測できるのである．この結果から 7 ヶ月齢の乳児は，絵画的手がかりに従って奥行きを判断し，絵画的手がかりを利用して空間にかかわる行動を行うと結論づけられた．

　ここでヨナスの生態学的視点からの奥行き知覚についての主張を紹介しておこう．空間視の発達について考える際には重要な観点である．彼の主張では，奥行き手がかりは，その手がかりを利用して外界に働きかけてはじめて知覚できたと結論づけることができるという．つまり，被験者が単に「見えた」と主張するだけでは不十分で，「知覚した手がかりを用いて行動する」のを確認する必要があるというのである．この姿勢は，エレノア・ギブソンの視覚的断崖実験，バウアーとヨナスの防御反応の実験に一貫してみられるものである（Yonas et al., 1979）．とはいえ運動発達の遅いヒトの場合，外界に働きかける行動を確認するためには，運動発達を待たねばならない．この実験計画では，知覚成立の確認は運動発達に依存することになる．そして近年の研究成果を鑑みると，知覚は運動よりも先行して生じることが証明されつつある．

▶ 遮蔽からの奥行き手がかり

　物体どうしの前後関係からも空間関係を把握することができる．こうした遮蔽からの奥行き知覚の発達は比較的遅い．遮蔽した物体を認識すること自体が乳児には難しいからだ．このような発達メカニズムを解明したのが，第 7 章でも紹介した，大塚ら（Otsuka et al., 2006）のアモーダル補完実験である．モーダル補完では，融合した「輪郭線」を補完することによって円と四角形を知覚したのに対し，アモーダル補完では，隠れている輪郭を補って円と四角形を知

覚した．大塚らの実験ではモーダル補完は生後3ヶ月ごろに成立するものの，アモーダル補完は生後5ヶ月ごろになって成立することがわかっている．つまり，物体どうしの位置関係から空間位置を認識するアモーダル補完は発達が遅い．このアモーダル補完とほぼ同時期に成立するのが，第6章でも示した，運動透明視だ．ドットパタンの動きから2つの平面がずれて動いているように知覚され，奥行きをともなった構造が知覚されるのが運動透明視である．

金沢ら（Kanazawa et al., 2007）は，ドットを等速度で動かして運動透明視が成立するパタンと，運動透明視が成立しないパタンとをつくり，乳児に呈示した．この2つのパタンを識別できるかを調べたのである．実験の結果，大人と同じ条件で運動透明視が成立するのは，生後5ヶ月ごろだということがわかっている．重なりから空間世界を見るには，発達的に時間がかかるようである．

▷ **陰影からの奥行き手がかり**

陰影からも，立体感を感じることができる．先の拡大・縮小の実験に登場した，でっぱりとへこみの図だ．

このような知覚が成立するのは，太陽が常に頭上にある地球環境に生きていることが関係するといわれる．そもそも地球上では，太陽光や蛍光灯によって，光は頭上から届く．光が上から当たれば，影は自然と下につくられる．ものを見るとき，この地球環境の規則が自動的に利用されるというのである．陰影を判断するとき「上方に光源があると，影は下にできる」という地球環境による規則が利用され，立体構造を判断できるというのである．図8-6aは，でっぱりやへこみを，上からライトを当てて撮影したものだ．これらの図8-6をひっくり返したり，横にしたりして見てみよう．aの左右の図のように上下にひっくり返すと，でっぱりとへこみは逆になる．それがcのように横にすると，とたんにでっぱりとへこみの区別がつかなくなる．上から光が当たった状態でないと，でっぱりとへこみはわからないのだ．地球環境の法則は，上から光が当たる時しかあてはめることができないからである．

こうした知覚は生得的か，あるいは地球環境で生活した経験から学習される

a　陰影による凹凸の知覚

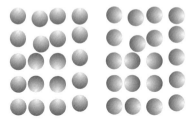

b　上から光を当てる　　c　横から光を当てる

図 8-6　陰影の実験

のかが問題とされた．そもそも上下の感覚は，起きて生活している状態ではじめて実感できるものである．生まれてから寝てばかりの乳児では上下という実感が少ないため，自分で動き回ることができるようになってから成立する可能性がある．

　伊村ら（Imura et al., in press）は，図 8-6 の b や c を乳児に見せて，でっぱりとへこみへの気づきやすさを調べる実験を行った．実験の結果，4 ヶ月齢の乳児は成人と同様に上方光源での違いを強く感じ，横にすると違いに気づきにくくなることが判明した．

　このような影でできた図形に，乳児は現実的な奥行きや立体感を感じているのか．グランルッド（Granrud et al., 1985）は，陰影手がかりを利用して生態学的に妥当な行動を乳児が示すか調べる実験を行っている．陰影手がかりだけでも，乳児はリーチング反応を示すかを調べたのである．実験に先立ち，実際にへこんだ物体とでっぱった物体を並べて見せ，より近いと感じるでっぱった物体に乳児がリーチング反応をすることを確認した．そこで今度は，陰影手がかりにも同じリーチング反応を示すかを調べた．図 8-6 の a のでっぱりとへこみの図を並べて単眼で見せると，7 ヶ月齢の乳児はでっぱりの図に積極的にリーチングすることが判明した．陰影情報だけでも，空間にかかわる行動を引き起こす力があることがわかったのである．

　物体が落とす影（キャストシャドー）と物体との位置関係からも，空間の構造を知覚できる．図 8-7 のように，影の位置が変わるだけで，物体そのものの位置が変わって見える．アニメーションで動かすとこの効果は強調される．伊村らの実験（Imura et al., 2006）から，このアニメーションを見せると，成人と同じような知覚は 6 ヶ月齢の乳児でも可能であることが示された．

第 8 章 空間を見る

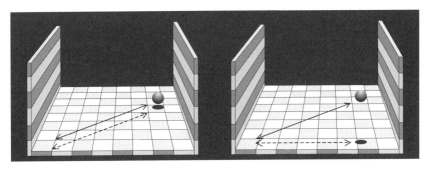

奥行運動　　　　　　　　　　上昇運動
図 8-7　キャストシャドーによる空間の知覚 (Kersten et al., 1997)

4　3 次元の物体表象の獲得

　奥行きを見るだけでなく，3 次元の世界を知覚し表象できるかということは，この世界で安定的に物体を見るためには欠かせない能力である．こうした能力も乳児期に発達することが最近の研究から明らかになった．ただ単に物体間の奥行きの違いを検出しているだけでなく，そこから空間を抽出し表出することができるのだ．

▷ 手がかり間の転移

　奥行きの手がかりを変えても 3 次元の物体表象は保たれるかを調べる実験が行われた．この実験は新しい手法，「手がかり間の転移」という手続きで行われている．「手がかり間の転移」の基本は馴化法と同じだが，馴化前と馴化後で，同じ対象を異なる絵画的奥行き手がかりで表現している．手がかりが変わっても同じ 3 次元の対象として馴化が成立するかを調べる．複数の手がかりがある絵画的奥行き手がかりだからこそ，可能な実験手法である．

　図 8-8 に示した実験では，表面輪郭手がかり（surface contour）か，陰影手がかりで描かれた物体に馴化させられる．いずれかの手がかりから，中心が奥にへこみ周辺が膨らんで見える物体か，中心が膨らみ周辺がへこんで見える物

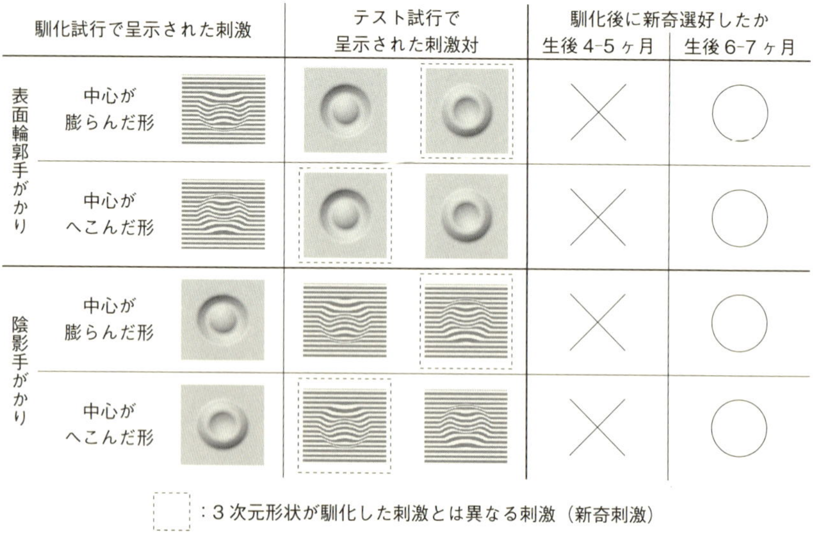

馴化試行で呈示された刺激		テスト試行で呈示された刺激対		馴化後に新奇選好したか	
				生後4-5ヶ月	生後6-7ヶ月
表面輪郭手がかり	中心が膨らんだ形			×	○
	中心がへこんだ形			×	○
陰影手がかり	中心が膨らんだ形			×	○
	中心がへこんだ形			×	○

┆ :3次元形状が馴化した刺激とは異なる刺激（新奇刺激）

図8-8　表面輪郭手がかりと陰影手がかり間の転移（Tsuruhara *et al.*, 2009より改変）

体の，いずれか1つの物体に乳児は馴化することになる．馴化後のテストでは，手がかりを切り替えて中心が膨らんで見える物体とへこんで見える物体を対で呈示し，手がかりを超えて異なる物体に脱馴化するかが調べられた．たとえば表面輪郭手がかりで中心が膨らんで見える物体に馴化した場合，陰影手がかりで中心が膨らんで見える物体とへこんで見える物体を対呈示することになる．このテスト試行で，中心が膨らんで見える物体とへこんで見える物体のどちらを長く注視するかが調べられた．

　表面輪郭手がかりと陰影手がかりから共通した情報を獲得することができるなら，中心が膨らんで見える物体に馴化後には，手がかりの違いにもかかわらず，中心がへこんで見える物体が新しいと見えるはずで，そちらを長く注視すると考えられる．4-5ヶ月齢と6-7ヶ月齢の乳児が対象となり，6-7ヶ月齢では，手がかりの違いにもかかわらずテストで新しい物体を選好することができたが，4-5ヶ月齢では，そのような選好は見られなかった．別の手がかりを使った実験でも（Tsuruhara *et al.*, 2010），同じ結果が得られたことから，奥行き

手がかりの違いを超えた立体表象は生後6ヶ月ごろから獲得されると考えることができる.

▶ 空間認識の獲得と脳の発達

3次元の空間世界を見るためには，さまざまな奥行き手がかりがあり，それぞれ発達時期が異なることが示された．空間認識の獲得を考える上で重要な問題として，生態学的に妥当な行動を指標に検討する実験と知覚の成立を検討する実験の2種があるということである．遠いか近いかの違いを見ることができるかということと（見る），距離に合わせて的確に手を伸ばすことができるか（行為）の違いがそこに存在する．成人の研究から，エイムズの窓の見え方（錯視量）を調べる際，知覚応答で確認するか運動応答を行うかで結果が異なることが示されている（Aglioti, DeSouza, & Goodale, 1995; Bruggeman, Yonas, & Konczak, 2007）．運動による応答だと（行為），口頭報告する（見る）よりも錯視量が小さくなるという．見えたことをそのまま報告するのと，自分が見た知覚に合った運動をするのとでは，脳内の情報処理経路が異なるからである．さらに，単に見るだけの知覚では絵画的手がかりに，運動を伴う知覚では両眼手がかりに，より多く基づいて応答するとも言われている（Bruggeman, Yonas, & Konczak 2007）．空間知覚の中でも腹側経路と背側経路の処理とその発達過程は，発達障害も含めて検討されるべき重要な課題である．

5 空間世界を安定して見る

▶ 恒常性——空間世界で生存するために必要なこと

この空間世界に存在するモノとより能動的にかかわるために必要な能力は，奥行きを見るだけにはとどまらない．そもそも世界はダイナミックに変化しつづける．私たちがほんの少し動いただけで，眼に入る「風景」の大きさや形は変わり続ける．もし，眼に入った映像をそのまま見ることができるとしたら，世界は絶え間なく揺れ動き，その映像に酔ってしまうほどだろう．しかし，現

実ではそのようなことにはならない．眼に入る映像は，意識に上る前に頭の中で補正されるのだ．これを「恒常性」と呼ぶ．

最近の研究から（Yang et al., 2016），生後4ヶ月の乳児には恒常性がなく，大人がふつうには気づかないような照明による光の変化に気づくことができ，一方で生後7ヶ月になると成人と同じように質感知覚を基礎とした物体の知覚の安定性を持った知覚世界が成立することが判明している．先の立体表象が生後6ヶ月ごろからという研究とともに考えると，この世界を安定して知覚するのは生後半年を過ぎたころであることがうかがえる．

▷ 大きさの恒常性と形の恒常性

モノの大きさは距離によって変化する．近くにあるときは大きく，遠くにあるときは小さく見える．しかし私たち大人にとっては，遠くにあっても近くにあってもモノの属性は変わらず，モノそのものの大きさが変化したようには見えない．これが「大きさの恒常性」だ．モノの形も見る位置によって変わる．しかし私たち大人は，変わった大半の部分を無視して，常に変わらないわずかな特徴から「同じ」モノとして見る．これは「形の恒常性」だ．

3次元の空間世界がゆらぎなく存在して見えるためには，モノは常に同じ大きさと形をもっていなければならない．私たち大人は，外界を"そのまま"見るわけではなく，その大きさと形を意識する以前に変換しているのだ．

乳児を対象にした大きさの恒常性の実験は，バウアー（Bower, 1964）によって行われた．30 cm四方の立方体を乳児の1 m先に見せ，記憶させる．その後，距離を3倍にした3 m先に，同じ大きさの立方体と，大きさを3倍にした立方体を置く．距離を3倍にした分大きさを3倍にした立方体は，網膜に入る映像の大きさとしては，元の立方体と同じになる．これに対して，最初の立方体を3倍の距離に置いたものは，網膜の映像としては元の3分の1に小さくなってしまう．そこで，どちらの立方体を元の立方体と同じと判断するかを調べたのである．実験の結果，2ヶ月齢の乳児は，網膜上の大きさが同じ（3倍に大きい）ほうではなく，大きさ自体が同じ立方体を，同じとみなしたのであ

る．つまり，大人と同じように大きさの恒常性を使って，頭の中で対象の大きさを補正して見ているのだ．

　大きさと形の恒常性は，この世界を生きる上での基本法則らしい．なんと新生児にも存在しているという証拠があるからだ．それはA. スレーターらの実験によって証明されている．大きさの恒常性の実験では（Slater et al., 1990），同じ物体をさまざまな距離に置いて馴化させた後，同じ物体を異なる距離に置いたものと，大きさそのものが異なる物体とを見せた．すると新生児は大きさの異なる物体に脱馴化し，別のモノであると区別できたのである．形の恒常性の実験（Slater & Morison, 1985）では，1つの物体をさまざまな角度で見せて馴化させた後，この物体を見たことのない角度で，形の異なる物体とともに見せた．すると新生児は形の異なる物体に脱馴化し，異なるモノと区別できた．

　恒常性の，もう少し複雑な発達過程を解明した研究もある．大きさの恒常性は，空間の認識にかかわることから，両眼立体視の成立とも関係があるようだ．C. E. グランルッド（Granrud, 1986）は，4ヶ月齢の乳児を両眼立体視が十分発達している群と未発達の群に分け，大きさの恒常性の成績を比較した．すると，両眼立体視が発達している乳児のほうが恒常性の成績がよかったのだ．

　ところで大きさの恒常性と形の恒常性のいずれも，コンピュータに学習させるのは容易ではない．それにもかかわらず，新生児ですらわかるというのは，恒常性の知覚がこの現実世界を動き回るヒトにとって，欠かせない能力だということを示している．

引用文献

Aglioti, S., DeSouza, J. F. X., & Goodale, M. A. (1995). Size-contrast illusions deceive the eye but not the hand. *Current Biology*, 5 (6), 679-685.

Aslin, R. N. (1977). Development of binocular fixation in human infants. *Journal of Experimental Child Psychology*, 23, 113-150.

Atkinson, J. (2002). *The Developing Visual Brain*. London : Oxford University Press.

Banks, M. S., Aslin, R. N., & Letson, R. D. (1975). Sensitive period for the development of human binocular vision. *Science*, 190, 675-677.

Birch, E. E., & Stager, D. R. (1985). Monocular acuity and steropsis in infantile es-

otropia. *Investigative Opthalmology & Visual Science*, 26, 1624-1630.
Bower, T. G. R. (1964). Discrimination of depth in premotor infants. *Psychonomic Science*, 1, 368.
Bower, T. G. R., Broughton, J. M., & Moore, M. K. (1970). Demonstration of intention in the reaching behavior of neonate humans. *Nature*, 228, 679-681.
Bruggeman, H., Yonas, A., & Konczak, J. (2007). The processing of linear perspective and binocular information for action and perception. *Neuropsychologia*, 45 (7), 1420-1426.
バウアー, T. G. R. 岡本夏木（編訳）(1980). 乳児期——可能性を生きる ミネルヴァ書房.
Braddick, O. J., Atkinson, J., & Wattam-Bell, J. (1986). VEP testing of cortical binocularity and pattern detection in infancy. *Documental Ophthalmologica Proceedings Series*, 45, 107-115.
Gibson, E. J., & Walk, R. D. (1960). The "visual cliff". *Scientific American*, 202, 67-71.
ギブソン, E. J. 佐々木正人・高橋綾（訳）(2006). アフォーダンスの発見——ジェームズ・ギブソンとともに 岩波書店.
Granrud, C. E., Yonas, A., & Pettersen, L. (1985). Infants' sensitivity to the depth cue of shading. *Perception & Psychophyiscs*, 37 (5), 415-419.
Granrud, C. E. (1986). Binocular vision and spatial perception in four- and five-month-old infants. *Journal of Experimental Psychology, Human perception & Performance*, 12, 36-49.
Hoffman, A., & Creuzfeldt, O. D. (1975). Squint and the development of binocularity in humans. *Nature*, 254, 613-614.
Imura, T., Yamaguchi, M. K., Kanazawa, S., Shirai, N., Otsuka, Y., Tomonaga, M., & Yagi, A. (2006). Perception of motion trajectory of object from the moving cast shadow in infants. *Vision Research*, 46 (5), 652-657.
Imura, T., Tomonaga, M., Yamaguchi, M. K., & Yagi, A. (in press). Asymmetry in the detection of shape from shading in infants.
Kanazawa, S., Shirai, N., Otsuka, Y., & Yamaguchi, M. K. (2007). Perception of motion transparency in 5-month-old infants. *Perception*, 36 (1), 145-156.
Kersten, D., Mamassian, P., & Knill, D. C. (1997). Moving cast shadows induce apparent motion in depth. *Perception*, 16 (2), 171-192.
Nakamura, M., Kaneoke, Y., Watanabe, K. et al. (2002). Visual information process in Williams syndrome : Intact motion detection accompanied by typical visuospatial dysfunctions. *Europian Journal of Neuroscience*, 16, 1810-1818.
Otsuka, Y., Kanazawa, S., & Yamaguchi, M. K. (2006). Perceptual transparency in 3- to 4-month-old infants. *Perception*, 35 (12), 1625-1636.
Shirai, N., Kanazawa, S., & Yamaguchi, M. K. (2004a). Asymmetry for the perception of expansion / contraction in infancy. *Infant Behaviour & Development*, 27 (3), 315-322.
Shirai, N., Kanazawa, S., & Yamaguchi, M. K. (2004b). Sensitivity to linear-speed-

gradient of radial expansion flow in infancy. *Vision Research*, **44**, 3111-3118.
Shirai, N., & Yamaguchi, M. K. (2004). Asymmetry in the perception of motion-in-depth. *Vision Research*, **44** (10), 1003-1011.
Shirai, N., & Yamaguchi, M. K. (2006). Perception of shape from shading in infancy. *Japanese Psychological Research*, **47** (4), 286-291.
Slater, A., Mattock, A., Brown, E., & Bremner, J. G. (1990). Newborn infants' responses to retinal and real size. *Journal of Experimental Child Psychology*, **49**, 314-322.
Slater, A., & Morison, V. (1985). Shape constancy and slant perception at birth. *Perception*, **14**, 337-344.
Takeuchi, T. (1997). Visual search of expansion and contraction. *Vision Research*, **37**, 2083-2090.
Tsuruhara, A., Sawada, T., Kanazawa, S., Yamaguchi, M. K., Corrow, S. & Yonas, A. (2010). The development of the ability of infants to utilize static cues to create and access representations of object shape. *Journal of Vision*, **10** (12): 2, 1-11.
Tsuruhara, A., Sawada, T., Kanazawa, S., Yamaguchi, M. K., & Yonas, A. (2009). Infant's ability to form a common representation of an object's shape from different pictorial depth cues: A transfer-across-cues study. *Infant Behavior and Development*, **32**, 468-475.
Von Hofsten, C., Kellman, P., & Putaansuu, J. (1992). Young infants' sensitivity to motion parallax. *Infant Behavior & Development*, **15** (2), 245-264.
Yang, J., Kanazawa, S., Yamaguchi, M. K., & Motoyoshi, I. (2015). Pre-constancy vision in infants, *Current Biology*, **25** (24), 3209-3212.
Yonas, A., Cleaves, W. T., & Pettersen, L. (1978). Development of sensitivity to pictorial depth. *Science*, **7, 200 (4337)**, 77-79.
Yonas, A., Pettersen, L., & Lockman, J. J. (1979). Young infant's sensitivity to optical information for collision. *Canadian Journal of Psychology*, **33**, 268-276.

第9章 顔を見る

1 生まれたばかりでも「顔」に注目する

　乳児にとって顔がわかることは生存するために必要な能力である．無力な状態で生まれるヒトにとって養育者の保護は絶対に必要であり，それを得るためにも社会的なつながりをつくりだす能力が生まれつきそなわっていると考えられている．

　生まれたばかりの乳児でも，顔に注目する能力があるという．この事実の発見は，乳児を対象とした実験方法の開発までさかのぼる．第1章でも説明した"選好注視法"の開発だ．R. L. ファンツ (Fantz, 1961, 1963, 1975 ; Fantz *et al.*, 1979) が，選好注視法のため，乳児が選好する「図形」を選出したところ，その中に顔図形パタンも含まれていた．ここから，乳児の顔図形パタンへの選好が，偶然発見されたのである．とはいえ乳児に顔図形パタンへの選好があるからといって，一足飛びに乳児が顔をわかっているとは断言できない．乳児を対象とした顔認識研究の長い道のりは，ここからゆっくりとはじまったのだ．

▷ 親の姿形を学習する——インプリンティング

　生後数週間ほど経った乳児は，まだ首も座らないのに，一生懸命身体を動かして母親の顔を見ようとする．一見単純に見えるこの行動は，実はたいへん不思議である．なぜなら，これまですべての実験で説明したように乳児には「新奇選好」があるからだ．母親顔への好みは，新奇選好と対立するのである．見なれたはずの母親顔をなぜ好んで見るのだろうか．母親顔を好むことは生物学的に有効なのである．その進化的な起源を求める研究がある．

　ウズラやニワトリといった離巣性の生物は，生まれてすぐに母親の姿を学習

する．離巣性の鳥類は，卵からかえるとすぐに歩きはじめるため巣をつくる必要がない．この種のヒナは，生まれてすぐに母親の後について自分で餌をついばみはじめる．したがって卵からかえるやいなや，母親の姿を認識しなければ生存に差し障る．こうした生態をもつ離巣性の生物には，生まれて最初に見る動く物体を母親と決定する，自動的なしくみがある．これを，インプリンティング（imprinting：刷り込み）と呼ぶ．このインプリンティングは，ヒトの乳児が母親顔を好むことに似ている．

ヒナは，なにを手がかりに親鳥を識別しているのだろうか．インプリンティングが成立したヒナは，親を見かけると後を追う．この後追い行動を利用した実験が行われた．さまざまなモノをヒナに見せ，後追い行動が見られるかどうかを指標に，ヒナが親鳥を決定する手がかりを解明したのである．M. H. ジョンソンら（Johnson & Morton, 1991）は，親鳥のいろいろな特徴，目玉やくちばしなどを，1つ1つヒナに見せ，「首のカーブの形」に後追い行動することを見出した（図9-1）．

最初に見た姿形で親を決定する，そんな単純な学習でトラブルはおきないのだろうか．そもそもインプリンティングを発見したK. ローレンツは，カモたちに自分の姿を親として学習させることに成功している．模型の車を親として学習させた実験もある．タイミング悪く親以外の姿形を最初に見て学習してしまったら，その後ずっと間違った親を追い続けるのだろうか．ヒナの生存にかかわる重大な問題である．

最近の研究から，インプリンティングにもう少し現実的で複雑な側面があることがわかった．同じくジョンソンら（Johnson & Morton, 1991）の実験で，おもちゃの自動車を親として学習させられたヒナに，後から本当の親の姿を見せた．すると，後から見せた本当の母親の姿を追いかけるようになったのだ．インプリンティング成立から数日内に親の姿を学習させれば，誤った学習は修正可能なのである．しかしながら，この再学習には期限がある．本当の母親の姿を見せるタイミングが遅れると，ヒナたちはもはや真の親の姿に学習を修正できなくなってしまうのだ．

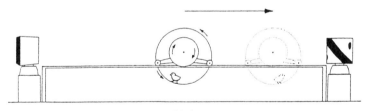

図9-1 インプリンティング実験 (Johnson & Morton, 1991)

どうやらインプリンティングの場合では，親を見るタイミングと，親が自種の姿形に合っているかどうかということが，1つの鍵となっているようだ．

▷ 氏か育ちか

インプリンティングの実験からわかること，それは，生物にとって生まれてすぐの環境が大切であるということだ．藤田（Fujita, 1987）は，母子交換による環境の変化をつくりだす試みを行った．ニホンザルの赤ちゃんをアカゲザルの母親に，アカゲザルの赤ちゃんをニホンザルの母親に育てさせることにしたのだ．ちなみにニホンザルとアカゲザルは，交配も可能な近い種である．こうして育ったサルに，育ての親と産みの親，どちらの顔を好むかを調べる実験が行われた．普通に育っていれば，自分の母親が属する自種の顔を好む．他種の親が育てると，インプリンティングのように好みはすり変わるのだろうか．

実験の結果，種による違いがみられたのである．ニホンザルは育て親のアカゲザルの顔を，アカゲザルは見たことのない産みの親であるアカゲザルの顔を，好んで長く見た．つまり，ニホンザルは育て親の影響が大きく，アカゲザルは少なかったと結論できる．

近い種でありながら，アカゲザルとニホンザルで，どうして差が生じたのだろう．藤田によれば，生来の生育環境の違いに原因があるという．ニホンザルは地理的に隔離された島国である日本で育つ．他種との接触が少ないため，自種の形態認識があいまいであっても，他種と交配する危険はない．種を維持するのに特に配慮する必要はなく，自種の顔に対する知識もそれほど必要ではなかったと考えられる．そのため，育て親の影響を素直に受けることになったと

いうのである．一方のアカゲザルは，他種と接触する地域に育つ．他種との交配の危険性があるため，種の維持のためには，自分の種を認識できる必要性に迫られる．そのため，自種に対する生まれつきの知識が求められたのではないかと考えられる．そして，育て親の影響は拒絶されることになったというのである．環境からの影響の受け方は，種によって違うのだ．

ところで，インプリンティングとサルでの育て親の影響の実験で比較しているのは，自種と他種の姿形や顔である．特別で個別な存在である「お母さん」そのものをこの赤ちゃんたちが好むかどうかは，扱っていない．それでは，母親という特別な個体への好みについて話を進めよう．

2　顔認識の萌芽

▷ いつ母親顔を好きになるのか

I. W. R. ブッシュネルら（Bushnell et al., 1982）は，新生児を対象に，母親顔の認識の実験を行っている．母親という特別な存在で調べるため，顔以外のものが手がかりとならないように注意された実験が行われている．顔だけで区別できるかを調べるため，服で区別しないよう白衣を着てもらい，においも届かないようにする．実験では，実の母親と母親によく似た女性に，乳児の目の前に並んでもらい，乳児がどちらの顔をより多く見つめるかの選好注視を検討した．その結果生後数日の乳児でも，母親の顔を好んで見ることがわかったのである．

そもそも胎児のとき，お腹の中から母親の声を聞くことはできても，顔を見ることは不可能だ．生まれるまで見たことのない母親の顔を，数日という短い間で，どうやっておぼえるのだろう．ブッシュネル（Bushnell, 1998）は，さらなる実験を行っている．今度は生まれてから2日間，乳児と母親とのすべての接触行動をビデオで撮影し，乳児が母親の顔を見た時間を記録した．さらにこの2日間，4時間おきに，母親顔を好むかどうか調べる選好注視実験が行われた．母親顔の好みがいつ生じ，そのときの親子の接触時間はどのくらいなのか

が調べられたのだ．

　実験の結果，母親の顔を見た時間が11時間から12時間を超えると，母親顔を好むようになることがわかった．母親の顔を見た経験の具体的な量が，母親顔への好みを決定していたのである．とはいえ，11時間から12時間という時間が長いのか短いのか，この実験だけではわからない．

　私たちは別の種との比較で，時間の相対化を試みた．同じ実験をニホンザルで行い，母親顔を好きになる発達速度をヒトと比較したのである（山口, 2003）．この実験では，人工哺育で育てたサルを対象とした．実験のために数時間おきに母親ザルと赤ちゃんザルを引き離すのは不可能であるため，ヒトが育てた状況でなければできない実験なのである．

　出産を確認し人工哺育が開始されたときから，赤ちゃんザルのすべての行動をビデオに撮影し，赤ちゃんザルの母親（代理母）との接触時間を記録した．さらに出生直後から2日間，6時間おきに母親顔の好みを調べる実験を行った．前述したように，ニホンザルは育てられた種の顔を好むことがわかっている．そしてこの実験から，ニホンザルは育て親である「代理母」の顔を好むことがわかった．そしてニホンザルの場合，母親顔を見る経験がたった3時間弱の時点で，母親顔への好みが成立することがわかったのである．ヒトの6倍の速さである．

　どうして，ニホンザルの発達はヒトと比べて早いのだろう．ヒトとサルでは，新生児期に身体機能面での発達差が大きい．ニホンザルは，生まれてすぐにハイハイしだし，座ることもできる．常にせわしなく動き回り，ヒトに見られるような，親子がゆっくり見つめあう行動はほとんどない．こうした行動面の違いが影響しているのかもしれない．その一方で，行動発達の差も考えられる．サルとヒトの視覚部位の脳の発達差は約4倍程度と言われる．こうしたさまざまな違いが母親顔認識の発達差に影響していると考えられる．

▷ **顔の配置で顔を見る——模式顔**

　第1章の実験方法でも説明したように，乳児は通常，見なれているものを好

まない．見なれているはずの，顔そのものやお母さん顔を好んで見ることは，乳児の一般的な性質に反することで，顔だけに見られる現象である．乳児にとっての顔の特殊性は，大人のそれと共通するものがある．大人の顔認識のメカニズムから説明しよう．

大人は，1000を超える顔を記憶し，識別することができるといわれる．これほどたくさん記憶できる対象は，顔以外にはない．こうした特殊性は，「顔空間モデル」として考えられてきた．

顔の特殊な見方は，自分が見てきたさまざまな人々の顔データの蓄積に基づいている．経験した顔は，見る頻度と顔の形状をもとに，より効率的に判断できるよう並べられ，蓄積されていく．よく見る顔を中心に，あまり見たことのない顔を周辺に位置した「顔の見方のモデル」がつくられる．このモデルを基準に，ヒトは顔を判断するというのである．このモデルについては後に詳しく述べるが，このようなモデルを駆使して顔を区別できるようになるのは，10歳ごろだと考えられてきた（Carey, 1992）．その一方で，生まれたばかりの乳児が好む顔も，このモデルと関係している可能性もある．

生まれたばかりの乳児に，顔に関する経験はない．こうした乳児は，顔の構造としての最低条件である，目鼻口が正しい配置を顔として見ているのではないかと考えられている．この配置パタンを中心とし顔学習は成立し，やがて顔空間モデルが成立すると考えるのである．

ところでファンツの実験から，顔らしき図形を好んで見るのは間違いないが，それはほんとうに顔なのか，そしてそれはどんな特徴をもつのかが検討されることになった．

C. C. ゴーロン（Goren et al., 1975）の研究から，顔の配置が重要であることがわかっている．顔の配置を崩しても，顔パタンと同様に注目するかどうかを新生児を対象に調べたのである．

図9-2のような顔パタンを新生児に1つずつ見せ，どの顔を好むのかが調べられた．「顔の配置情報」が重要であるならば，aやbの顔は好まないはずである．実験の結果，正しい配置の顔パタンは好まれるが，aやbの顔は好まれ

ないことがわかった．目鼻口の配置が重要だということが証明されたのである．

顔が特殊だという一方で，新生児の顔への好みは顔自体に対するものではなく，図形の複雑さであると主張する立場がある．新生児向けの顔実験で使われた顔図形を見なおすと，目鼻口が並んだ顔は，目の白黒が縞状に並び，コントラストがはっきりとして見える．この白黒コントラストに新生児は注目しているというのである．そこでK. A.クライナー(Kleiner, 1987)によって行われた実験では，顔らしさと複雑さ，2つの要因に分けて顔パタンを改造して好みを調べている（図9-3）．

図9-3 a の顔らしさを削った図は，モザイクをかけることによってつくられている．モザイクをかけることによって，

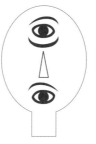

a 目鼻口の形はそのままで位置を変えた図　b 目鼻口の形を崩し位置も変えた図

図9-2 顔の配置の重要性を調べる実験
(Goren et al, 1975)

a 図の複雑さを保ったまま顔らしさを削った図　b 顔らしさを保ったまま図の複雑さを削った図

図9-3 顔らしさと複雑さのどちらを好むかの実験 (Kleiner, 1987)

白黒のコントラストの複雑さ（縞の見た目の強さ）をそのままで，顔らしさを減らしているのである．bの複雑さを削った図は，顔らしさを維持したまま，白黒のコントラストの複雑さを減らしている．乳児がbの図の複雑さが減って顔らしさが残ったほうを好むなら，乳児は顔パタンを好んでいることになり，逆にaの顔らしさが減った方を好むのであれば，図の複雑さを好むのであって，顔パタンを好んでいるわけではないことになる．実験の結果は，複雑な図も顔もどちらも好きという，はっきりしないものであった．

現在，新生児を研究する数少ないグループであるイタリアのF.シミョンら(Simion et al., 2002)は，新生児が特定の図形配置パタンに選好を示すことを実証した．図9-4のような，四角形が細かく並んだものを見せても，新生児が

図 9-4 特定の図形配置パタンへの好みを調べる実験
(Simion et al., 2002)

注目することを発見した.右列と比べると,左列の図に選好を示したのである.

顔の配置情報は目が2つで口が1つの逆三角形パタンである.上方に四角形が集中したこの図形パタンを新生児は好むというのである.目や口や鼻ではなく,目鼻口の配置が重要であること,これが顔認識の基礎となるのである.

やがて顔学習は進み,たくさんの顔が区別できるようになる.そのときの基本もこの目鼻口の配置である.

▶ 顔の配置で顔を見る――リアルな顔

新生児でも顔の配置パタンに敏感であるといえども,配置情報を使って顔を区別できるようになるのは,顔の学習がある程度進んでからだと考えられている.

そもそも新生児に顔がわかり,母親顔がわかるといっても,この時期の顔認識能力は,大人と比べると限界があり,現実の生活では髪型で区別している可能性が高い.先のブッシュネルら (Bushnell et al., 1982) の実験でも,髪型を隠すと母親顔を発見できなくなった.髪型が隠されても母親顔を区別できるようになるのは4ヵ月齢以上であることが,その後の O. パスカリスら (Pascalis et al., 1995) の実験からわかっている.幼い乳児が髪型に注目してしまうのは,刺激としてのコントラストの強さによる.顔の模式図は別として現実の顔では,輪郭と髪型との境界が一番コントラストをもち,目立つのである.しかし,大人の顔認識にとって髪型は重要な情報とはいえない.髪型や眼鏡,そして服装も個人を知る上での貴重な情報だが,これらは頻繁に変わるために,他者を正しく認識する手段としては不十分である.現実の顔で,目鼻口といった特徴からなる配置パタンに注目できると考えられるのは4ヶ月齢だということから考えると,成人に近い顔認識の能力は生後4ヵ月ごろに完成するとも言える.

3 より高度な顔認識へ

▷ 人見知りがおこるころ

　顔認識の萌芽は新生児からみられるという，これまでの実験は比較的低月齢の乳児を対象としたものだった．しかし乳児と日常を共にすごす家族からすれば，これらはあまりピンとこないものかもしれない．乳児をとりまく日常生活からいうと，顔をめぐる印象的な現象は，生後6ヶ月以降に見られるからだ．それは人見知りである．生後6ヶ月から1年に近くなった乳児は，見おぼえのない顔を見て泣きだすことがある．これが，人見知りとよばれる現象だ．どうしてこの時期に，人見知りはみられるのだろう．人見知りの成立には顔認識の発達がかかわっていると考えられる．人見知りが成立するためには，誰が知っている人で，誰が知らない人か，1人1人の顔を認識できねばならないからだ．そのためには，顔のもつさまざまな情報を認識できなくてはならない．

▷ 3次元として顔を見る

　さまざまな角度の顔を読み取る能力もこの時期に完成する．同じ人物の顔でも斜め顔や正面顔や横顔では，それぞれまったく異なる形として眼に映る．どんな角度の顔でも同一人物と把握するのは，簡単なようで難しい．角度が変わっても同じ顔と見なすためには，顔が3次元の特性をもつことを理解し，さまざまな角度の顔を1つの対象として理解する必要がある．6-8ヶ月齢の乳児を対象に，さまざまな角度で呈示した顔を学習させ，さらにそこで見たことのない角度の顔を呈示し再認できるか調べる実験が行われた (Nakato et al., 2005)．図9-5のように1人の女性の正面顔と斜め顔・横顔を用意して，これをアニメーションで順番に見せる．この際，正面から横顔へと順序正しく回転させる条件（回転条件）と，回転角度の順序を無視してランダムに見せる条件（ランダム条件），2つの条件を設定する．こうして同じ女性の顔を何度も見せて馴化させ，その後に同じ女性の見たことのない角度の顔を別人の女性の顔とともに見せ，

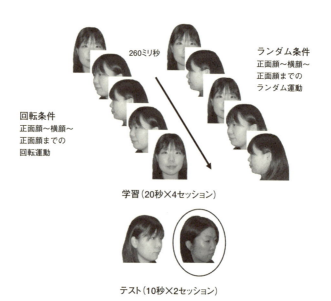

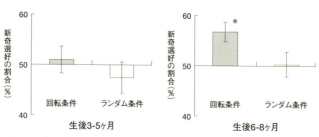

図 9-5 顔の動かし方の違いによる顔学習の効果 (Nakato *et al.*, 2005)

区別できるかを調べる.顔を回転させると,3次元の物体としての特性を理解しやすくする効果がある.見たことのない角度の顔も認識しやすくなるはずだ.実験の結果,6-8ヶ月齢の乳児で回転条件でのみ学習が成立し,見たことのない斜め顔で見せた同一人物と別人を区別できることがわかった.さらに同じように見たことのない横顔でテストしたところ,区別できないことがわかった.横顔が区別しにくいというのは大人と同じである.顔を回転して見せることによって学習が進み,かつ横顔は区別しにくいということは,生後6ヶ月以降に,

顔の3次元特性を把握している可能性がある．

顔を動かすことによって学習が促進されることも，この時期にみられるものである．大人の研究から顔を動かすと，表情や男女の識別などが容易になることが知られている（O'Toole, 2002）．大塚ら（Otsuka et al., 2005）は，動かすことによって顔学習が促進されるかを調べる実験を行った．実験では女性の顔を動かして学習させ，静止し

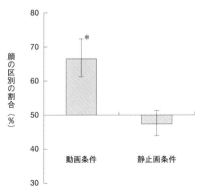

図9-6 動きの有無と顔学習の効果
(Otsuka et al., 2005)
縦軸は別人の顔を違う顔とみなした程度を表す．

た状態で学習させたときとで学習成績を比較した．実験の結果，3-5ヶ月齢の乳児でも，動きの情報を加えることにより，より早く顔の学習が進む効果があることがわかった（図9-6）．

▶ 顔の倒立効果

顔研究では，大人がたくさんの顔を記憶・識別するためには，目鼻口の部分に注目するのではなく，それぞれのパーツの位置関係という顔の全体の配置関係を注目する"全体処理"が必要とされると考えられている．

"全体処理"を示す証拠に，"倒立効果"がある．顔を逆さにすると，その顔の印象や人物の判断も難しくなるという現象だ．有名な現象に"サッチャー錯視"がある．逆さでは強い印象を感じないが，正立にしてみるととたんにグロテスクに見える錯視図形（図9-7）である．

乳児でも正立顔と倒立顔で顔認識処理は異なるのか，乳児の脳活動を調べる実験が行われた（Otsuka et al., 2007）．5-8ヶ月齢の乳児を対象に，正立顔と倒立顔で脳活動に違いがみられるかを調べる研究が，近赤外線分光法（NIRS）を用いて行われた．近赤外線分光法で血中ヘモグロビンの変化を計測することにより，脳の中の顔領域とよばれる上側頭溝（STS）や紡錘状回（fusiform

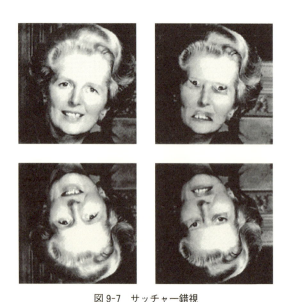

図9-7 サッチャー錯視
左上の写真が，オリジナルのサッチャー元首相の写真．右上の写真は，目と口の部分のみを逆さにしたもので，とてもグロテスクに見えるが，下段のように顔を倒立させると，その印象は弱くなる．

gyrus）付近にあたる両側頭部の血流の変化を調べたのである．野菜を見たときの脳活動をベースとして顔を見たときにこの顔領域の脳活動が上昇するか，その際，倒立顔と正立顔で違いがあるかを検討した．実験の結果，顔を見ることにより特に右側頭の活動は高まり，特に倒立顔よりも正立顔でこの活動が高まることが判明した．大人も顔処理では特に右半球の活動が高まることから，5-8ヶ月齢の乳児においても高度な顔処理が可能であることが示唆される．さらに近赤外線分光法を利用した興味深いデータに，仲渡ら（Nakato et al., in press）の，顔領域の活動の発達的変化を示す研究がある．大塚の実験と同じく野菜を見たときの脳活動をベースとして横顔と正面顔を見たときの血流の変化を計測したのである．その結果，5ヶ月齢では正面顔を見たときのみ右側頭の活動が高まるのに対し，8ヶ月齢になると正面顔と横顔を見たときに右側頭の活動が高まることがわかったのである．月齢の低い乳児にとっての顔は正面顔をさし，それが月齢が高まるに従い，横顔も顔とみなされるのであろう．

第9章 顔を見る

▶ 顔の全体処理と部分処理

行動実験で，顔認知のより高度な処理である"全体処理"がいつごろから可能となるかが調べられている．G. シュワルザーと N. ザウナー (Schwarzer & Zauner, 2003) は馴化・脱馴化法を用いて，乳児が顔を"全体処理"するか調べる実験を行った．図 9-8 の左にある男性と女性の顔に馴化させ，この男女の顔の間で目や口を入れ替えた顔を合成し，この合成顔に脱馴化するかが調べられた．目や口を入れ替えてつくった合成顔は，馴化で見た顔とはまったく異なる印象だ．ただしそれは，顔を"全体処理"した場合に限られる．部分だけに注目した場合，入れ替えられた目と口そのものは，馴化した顔に存在している．そのため，目や口の部分だけに注目していたら，新しい組みあわせの合成顔の，目や口だけを見て「既に見た」と判断する．この場合，新しい顔に脱馴化することはない．つまり，新しい組みあわせの合成顔に脱馴化するかどうかで，"全体処理"しているか，それとも目や口という部分にだけ注目して顔を見ているかを調べることができる．実験の結果，8ヶ月齢の乳児では，目や口を入

女性顔

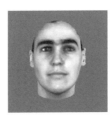
目のみ男性に入れ替え

口のみ男性に入れ替え

男性顔

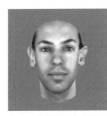
目のみ女性に入れ替え

口のみ女性に入れ替え

馴化刺激　　　　　　　　　　　　テスト刺激

図 9-8　合成顔を用いて顔の全体処理を調べる実験 (Schwarzer & Zauner, 2003)
左側の 2 枚の写真に馴化したのち，右側の合成顔を呈示し，脱馴化が生じるかどうかを検討した．

175

れ替えた合成顔を新しい顔とみなし，脱馴化することがわかった．この月齢であれば全体処理が可能であることを示唆するものだ．

▷ 視線の方向の認識

新生児から弁別できると言われる（Farroni et al., 1983）視線では，同様の全体処理がいつから生じるのだろう．大塚ら（Otsuka et al., submitted）は，W. H. ワラストン（Wollaston, 1824）の錯視図形を改変し，"馴化・脱馴化法"を用いた実験を行った．ワラストンの錯視図形（図9-9a・b）は目は同じでも輪郭を変えることによって視線の方向が変わって見えるものである．顔aには「こっちを見ている（見つめられている）視線」を，反対に顔bには「あさっての方向を見ている視線」を感じとることができる．しかし，a，bそれぞれの顔の"目"だけに注目してみれば，実はこの左右2つの顔，"目"そのものはまったく同じであることに気づく．目と輪郭との関係で，見つめられているように感じたり，あっちを向いているように感じたり，視線の方向の見え方は変わるのだ．視線の方向の認識には"目"が重要だが，この錯視に関していえば，"目"だけを追っては，見ることはできない．この錯視を見るためには，顔を"全体処理"する必要がある．

実験で使用したのは図9-9の顔だ．馴化顔aを見せた後に，右のb，cの顔を見せる．そしてどちらを新しいとみなすか（どちらに脱馴化するか）を調べるのである．左にある馴化顔aは，左向きで「あっちの方向」の視線の顔だ．それに対してbは目以外の部分，cは顔全体について，馴化顔aを左右逆さに反転（鏡映反転）したものである．わざわざ鏡映反転させた顔を使うのには，理由がある．脱馴化するかどうかを調べるときに，馴化のときとまったく同じ顔を見せた場合，顔や視線の記憶ではなく，"視覚的痕跡"を利用して区別してしまう可能性があるからだ．さて，もう一度それぞれの顔を見てみよう．視線の方向の違いをもとに識別すると，aとcは視線の方向が同じ「あっちを見ている顔」となり，bだけが「こっちを見ている」ため違う顔とみなすことができる．ただし，この判断は全体の印象を捉えたときにのみ当てはまる．目だ

第9章 顔を見る

図9-9 視線の方向から顔の全体処理を調べる実験 (Otsuka *et al*., submitted)

けに注目すると，aとbは同じで，cだけが違うことになるのだ．つまり，目という部分に注目すればcの顔が馴化顔aと異なることに，顔全体で視線を判断すればbの顔が馴化顔aと異なることになるわけだ．それでは乳児は，b,cどちらの顔を，aの馴化顔と違うと判断するのだろう．6-8ヶ月齢を対象として実験を行ったところ，8ヶ月齢の乳児だけが顔の区別ができ，bの顔を違うと判断した．大人と同じように視線の向きで顔を判断できるのだ．

さらに私たちはこの実験の成果を確かめるため，倒立させた顔を見せる実験を行った．"サッチャー錯視"で説明したように，顔を倒立させると，"全体処理"ができにくくなる．そうした場合，部分で判断しがちになるともいわれる．図9-9の錯視顔をすべて逆さにして実験を行ったところ，先と同じく8ヶ月齢の乳児だけが顔を区別することができた．ところが今度は，先の結果とは逆に，cの顔を新しいとみなしたのだ．つまり，逆さになったがために，目という部分で顔の違いを判断したというのである．視線の錯視は，生後8ヶ月ごろから大人と同じように見える．顔認識と同じように"全体処理"へと変化していくようである．

▷ 言語学習と顔学習

大人のように全体処理で顔を区別するようになるまでに，どのように顔認識は発達していくのだろう．顔の学習は"母国語の習得"と類似する部分があると主張する研究者がいる (Pascalis *et al*., 2002)．母国語の習得とは，聞きなれた言語に特化することにある．生まれてすぐの赤ちゃんは，地球上に存在する

あらゆる言語の母音を聞き分ける能力をもっている．それが生後10ヶ月になると，自分の母国語の母音を聞き分ける能力だけを残し，他の言語の母音は聞き取りにくくなるというのだ．なんでも受け入れた状態から，自分の環境にあわせた情報に特化すること，それが母国語習得である．

　顔学習の発達も同じような過程を経るという．自分の環境にあわせて顔認識が特化することは，"人種効果"につながる．人種効果とは，日本で生まれ育った場合，日本人の顔をたくさん学習し，日本人の顔認識に特化することを指す．日本人の顔に関しては，より詳細な区別ができるようになり，正確に記憶できる．その反面，学習の少ない外国人の顔の識別は取り残され，外国人の顔を区別するのが苦手となる．駅などで「白人」にすれ違ったとして，「白人」に出会ったことは鮮明に記憶していたとしても，その「白人」個人の顔を特定するのが難しいこともある．もちろん日本人の顔に対しては，こうした事態は生じない．人種効果は，母国語学習と同じように，よく見る日本人の顔認識に特化することによって起きる．

　いつごろから人種効果が成立するのか，乳児を対象とした実験が行われた．O. パスカリスら（Pascalis *et al*., 2002）は，ヒトの乳児にサルの顔とヒトの顔で顔の識別能力を比べる実験を行った．実験の結果，6ヶ月齢ではサルの顔もヒトの顔も同じように区別できるが，9ヶ月齢になるとヒトの顔は区別できても，サルの顔の区別ができなくなることがわかったのだ．この結果は，母国語の獲得と同じである．最初は霊長類一般という，より普遍的な顔を区別する能力を備えていたにもかかわらず，生後9ヶ月ほどでヒトの顔識別へと特化することを示す．"人種効果"を調べた実験では（Kelly *et al*., 2004），生後3ヶ月ごろには既に，他人種の顔よりも自種の顔を好むことが示されている．しかし実際のところ，人種効果を調べる発達実験では，肌の色や髪の色といったあまりにも目立つ特徴の違いが多すぎるため，顔そのものへの好みを正確に測定できないという難点がある．とはいえ，自種の顔への好みが自種の顔学習への基盤となる可能性は十分考えられる．

　生後8ヶ月前後の乳児は，たくさんの顔を区別し記憶するために必要な"配

置情報"を処理できるようになる．たくさんの顔を処理するためには，目鼻口の形や大きさだけの情報では不完全である．それぞれの顔はすべて似通った目鼻口でできているため，形としてはそれほど変わらない．そこで目鼻口が顔の中でどういった位置関係にあるか，という"配置情報"の細かな違いが使われることになる．生後8ヶ月前後は顔認識の1つの転換期のようだ．ちょうどこのころ見知らぬ人を怖がる「人見知り」が始まる．たくさんの顔を，知っている（既知）／知らない（未知）に分けることができるようになるのだ．どんな顔が既知になるか未知になるか，顔学習の基準は乳児の育つ環境によって決まるようである．そういう意味で乳児の顔認識の発達を知ることは，乳児が育つ社会環境を知ることにもつながる．

4 顔学習と経験の効果

▷ 早い顔学習の成立の背景

顔がヒトにとって特別である証拠の1つに，ゴーロンやシモンの実験で解明されたように，新生児でも顔を検出できるという事実がある．それに並ぶ不思議として，非常に早い顔学習がある．新生児の視力は0.02ほどしかないという限界があり，たとえば3ヶ月齢ごろの乳児には，顔は図9-10右側のように見える．こうした基本的な視力の限界から考えると，新生児が生まれてすぐに顔を見抜いて注目することそれ自体が，奇跡のようなものである．

ただし学習モデルの観点からすると，悪い視力にも意味があるという．視力が悪いことにより，入力する画像の質は悪く情報量が少なくなる．少ない情報を学習することによって，より早い学習につながるというのである（Valentin & Abdi, 2003）．視力発達がある程度完成した6ヶ月齢以上の乳児を対象に，画質の悪い映像と通常の映像を見せて学習実験を行ったところ，6ヶ月齢でも画質の悪い映像での学習が早く，学習後の区別もよくできることがわかったのである．

 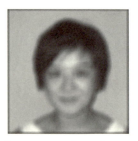

図 9-10 赤ちゃんの視力で見えるであろう顔（右側）
左側の顔を低空間周波数成分だけで表現した（テキサス大学 Herve Abdi 教授提供）.

▷ 顔認識への経験の効果

顔の学習に与える環境の影響は，男女顔の識別実験などにも現れている.

6-8ヶ月齢の乳児を対象として平均顔を使った馴化・脱馴化の実験を行った（Yamaguchi, 2000：図9-11）. 男性の平均顔あるいは女性の平均顔に馴化後，同性の強調顔と異性の平均顔の間で注視を比べる実験である. もし乳児が男女を顔で区別できるなら，男女の違いを個人の違いよりも優先するはずだ. そのとき，異性の別人は同性の別人の顔よりも，大きく違って見えるはずである. 反対に，もし乳児が男女の区別ができなければ，異性の別人は同性の別人と同じくらいの違いに映るはずだ. 乳児の見方がこのいずれであるかを，「テスト」での注視の仕方から調べるのである.

この実験のポイントは，平均顔を使うことによって，顔の物理的距離を異性と同性で等距離にしているところにある. 女性の平均顔で説明しよう. 馴化した女性平均顔と，テストで見せる女性強調顔と男性平均顔の間の物理的距離（色などのテクスチャや形）は，同じとなるのである. つまり，色や形といった顔の物理的側面だけで判断すれば，同性の顔（女性強調顔）と異性の顔（男性平均顔）は同じ程度に違って見えるのである. 実際，男女というカテゴリーの存在そのものを知らない宇宙人がいるとしたら，そう判断するかもしれない. しかし，性別の違いに注目できれば，異性の顔（男性平均顔）だけが異なって見える.

実験の結果，8ヶ月齢では顔の男女識別が完全にできた一方で，6ヶ月齢で

第 9 章　顔を見る

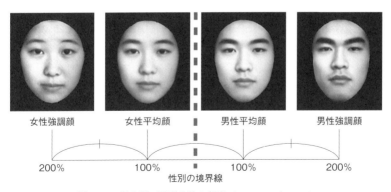

図 9-11　男女顔の識別実験の刺激（Yamaguchi, 2000）

は男女識別が不完全で，馴化した顔が女性か男性かで結果が異なった．6ヶ月齢では，女性の顔に馴化すると，「テスト」の異性（男性）の顔を同性（女性）よりも長く見，性別は識別される結果となった．ところが，男性の顔に馴化すると，「テスト」の異性（女性）と同性（男性）の顔を見る時間は同じで，性別は識別できていないことになる．

　6ヶ月齢の乳児は，女性の顔への本来の慣れがあるため，女性の顔に慣れる実験では「テスト」の男性顔がより珍しく見えて注目が増した．反対に，男性の顔に慣れる実験では，「テスト」の女性顔はもともと慣れており珍しくないため注目しなかった．「テスト」の新しい刺激への注目が増加しないため，識別できないことになったのだ．母親に育てられ周囲も女性である乳児の場合，女性の顔と男性の顔に対する実際の経験量が異なり，それが結果に影響するのかもしれない．クインら（Quinn et al., 2002）は，父親に育てられた乳児で実験を行った．予測通り，父親に育てられた乳児では，母親に育てられた乳児と逆の結果が示された．男性の顔のほうがなじみ深く，男性顔から学習がはじまるというのだ．

　生後6ヶ月以降の顔認識の発達は，それ以前の経験がもととなる．したがってこのころの発達過程を調べることは，それまでにどのような経験をしたかを知ることにつながる．それは必然的に，乳児の育つ社会環境を考えることにもつながるのだ．

▷ 初期経験の重要性

　乳児期の経験が，後の顔認識の成立とつながっていることを証明する，顔認識障害の報告がある．S. ゲルダートら（Geldart *et al.*, 2002）による，生まれつきの白内障を外科手術で克服した元患者の報告だ．白内障では，眼球の中のレンズが曇っているため，はっきりした画像が見えなくなる．外科手術で人工レンズを装着すると，見え方は正常になる．ただし，生まれてから手術を受けるまでの6ヶ月間，これらの患者たちはモノの形をはっきりと見ることなく育った．そして手術後10年以上経過してから行った実験で，彼らが，顔認識にわずかな障害をもっていることがわかったのである．実験では，髪型を隠して顔だけ見せて，視線の変化や表情の変化といった，顔のさまざまな違いを検出できるかどうかを調べた．そうすると，元患者たちは，表情や顔の向きの変化に臨機応変に対応するのが困難であることがわかった．つまり，同じ人物の表情や顔の向きが変わると，別人の顔のように見えてしまうのだ．

　正常な視覚経験を受けてきた大人は，表情や顔の向きが変わったからといって，人物の判断が混乱することはない．たくさんの顔を区別できるためには，その前提として，同一人物の顔の判断が安定している必要がある．しかしこの能力は，意外に繊細で壊れやすかったのだ．白内障を克服した元患者たちのように，生後6ヶ月ごろまでの顔を見る経験がないと，この能力は失われ，後の経験で回復することもできないようだ．

5　表情を見る

▷ どの表情を好むのか

　これまで説明した顔の研究は，個人としての顔の属性や知っている顔（既知性）を調べるものが主であった．しかしながら顔における表情の情報も生物学的には極めて重要な意味をもつ．表情によるコミュニケーションは進化的に古く，社会を構成する哺乳類全般に共有される．重要であれば，表情は学習によることなく，生まれつき表出できるのかもしれない．

D. ローゼンスタインら（Rosenstein & Oster, 1988）は，生後2時間の新生児の舌に苦い味や酸っぱい味の物質をのせ，どんな反応をするかを調べた．すると，甘い味にはリラックス，苦みや酸っぱい味には不快といった，味に見あった表情を示すことがわかったのだ．

　表情は生まれつき，自動的に表出されるようである．表情が自動的なら，表情に対する反応も自動的かもしれない．ということは，表情に対する反応や表情を読み取る能力も，小さいころから備わっている可能性がある．

　生後36時間の乳児が表情の変化に気づくかを調べる実験がT. M. フィールドら（Field et al., 1983）によって行われた．乳児の目の前で，女性が微笑んだり悲しんだり驚いたりして見せるのである．これを見せられた乳児は，表情が変化するときに特に注目した．どうやら生後数十時間の新生児でも，表情の変化に気づくようだ．

　フィールドら（Field et al., 1983）は，乳児が顔のどの部分に注目しているかも記録している．微笑みと悲しみでは口の周り，驚きでは目と口を交互に見ていることがわかった．つまり，その表情において目立ちやすい特徴に注目しているようなのだ．

　乳児は圧倒的に幼いころからヒトの表情に反応することがわかったが，この実験にはいくつかの問題がある．一番の問題は，乳児の目の前で表情をつくることだ．これでは表情のつくり手の意図が混入する恐れがある．そうなると，乳児は表情そのものに反応しているのか，表情のつくり手の意図に反応しているのか，わからなくなる．

　しかもヒトでは，機械のように常に同じ表情をつくることはできない．実験のたびに表情そのものが変わってしまうようでは問題だ．そこで，多少現実味が薄れるが，静止した写真や絵の表情を使用することになった．

　S. R. アーレンズ（Ahrens, 1954）は絵の表情を使った実験を行った．彼らは，表情にあった反応——微笑みには微笑み，怒りには回避といったような行動——を乳児が示すかどうかをみることにした．表情を正しく認識しているならば，表情ごとに違う反応を示すはずだ．このやり方で，乳児が表情の意味を理

解しているかどうかを調べることができる．

しかし5ヶ月齢程度の乳児にとってこの実験は難しかったようだ．ようやく生後8ヶ月で，怒りの表情に不快・回避反応を示すことができたのである．

絵の表情はシンプルすぎてかえってわかりにくいのかもしれない．そこで，これ以降は写真を使った実験が行われるようになった．演技の経験のあるモデルなどに依頼し，それらしく見える表情をつくってもらうのである．

さらに言えばアーレンズたちの実験にはもう1つ問題がある．乳児の表情反応を判定するのが難しいことだ．乳児は大人ほどはっきりと表情を表出できるわけではないからだ．そのため，実験する側に乳児の表情に対する知識が必要とされる．これと比べると，注視をもとに乳児がどの表情を好むか調べるほうが有効である．そのため，以降の実験では乳児の注視を計測することになった．

4ヶ月齢の乳児を対象にした選好注視実験は，予想通りともいえる結果だった．J. D. ラ・バーバラら（La Barbera et al., 1976）やM. ハーンら（Haan & Nelson, 1998），複数のグループによる実験から，乳児は喜びや微笑みを，怒りや悲しみや無表情の顔よりも好んで見ることがわかった．

ところがC. A. ネルソンら（Nelson & Dolgin, 1985）が7ヶ月齢の乳児を対象にした選好注視実験では，反対の結果となった．乳児は，微笑みよりも恐怖の表情を好んで見たのである．

小さい乳児が微笑みを好んで見るのは理解できる．微笑みは，お母さんがよくするような，受容的で肯定的な表情だからだ．これと比べると，大きくなって恐怖の表情を好んで見るのは不思議だ．どちらかというと，否定的な表情だからだ．なぜ，このような変化がおこるのだろう．どうやら，乳児の表情に対する経験が関係しているようである．

表情の学習は，微笑みをよく見ることからはじまる．大人は乳児に笑顔で接する．そのため，乳児が目にするほとんどの表情は笑顔となる．反対に乳児は，驚いた顔や怖がっている顔を，ほとんど見ることがない．やがて乳児にとって，微笑みは見なれたものとなり，反対に驚きや恐怖の表情は珍しく映るようになる．そして，珍しいものに注目する性質のある乳児は，見ることの少ない恐怖

の表情に注目するようになる.

つまり,大きくなってから恐怖の表情を好むようになったのは,それが珍しく見えたからなのだ.反対に,微笑みは見なれて珍しくないので,注目しないのである.

母親顔識別などの実験と共通で,顔の内部に注目できるのが生後4ヶ月ごろで,顔のパーツを見はじめるのが生後6ヶ月ごろである.こうした中で,生後7ヶ月ごろに表情を見る経験が蓄積しはじめるのも,不思議ではない.

▶ どの表情から区別しはじめるのか

乳児はどの表情から区別できるようになるのだろうか.馴化法を使って表情の区別を調べる実験が行われた.

3ヶ月齢の乳児を対象にしたG. ヤング-ブラウンら(Young-Browne et al., 1977)の実験では,乳児は,微笑みと怒り,驚きと微笑み,驚きと悲しみの表情を区別できることがわかった.しかし,悲しみと微笑みの区別はできなかった.

つまり,区別できる表情の順番には,意味があるようなのだ.表情は図9-12のように,快・不快と覚醒・眠りの2つの意味次元に分けられる.私たち大人は,この軸をもとに表情を判断していると考えることができる.

3ヶ月齢の乳児が区別できた表情のペアは,覚醒と眠りの軸の対局にあたる(Barrera & Maurer, 1981).表情の区別は,この縦軸からはじまるようだ.そもそも縦軸は,眠りのほうが小さく覚醒のほうが大きい,というように表情の動きの大小を表している面もある.そういうことから,両極にある表情は,動きの大小の違いをもとに区別しやすいのかもしれない.反対に,悲しみと微笑みのペアのほうは,両方とも眠り側にあって,見た目の違いが微妙でわかりにくく,3ヶ月齢の乳児では区別できなかったのかもしれない.

ところでヤング-ブラウンの実験では,1人の表情を区別させている.しかし実際の表情は,人によって違う.素顔でも怒っているように見える人もいたり,微笑んだように見える人もいる.豊かに表情を表現する人もいれば,そうでない人もいる.表情がわかるということは,こうした個々の顔の違いを無視

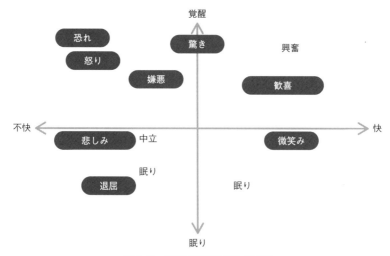

図 9-12 表情の意味次元の模式図
快-不快の次元と覚醒-眠りの2つの次元により,さまざまな表情が分類できることがわかる.

して,表情に関する情報だけを抽出できることを意味する.

　すなわち,たくさんの人がつくった微妙に違う表情を見せる実験が必要なのだ.しかもそれ以前に,乳児が同じ表情の微妙な違いそのものを認識できているかどうかを確認しておく必要がある.つまり,乳児は,同じ表情にも微妙な違いがあることを認識した上で,表情を分類できるのかを調べるのだ.

　3ヶ月齢の乳児に,あいまいなものから大げさなものまで,さまざまな微笑みを見せる選好注視実験が行われた(Kuchuk et al., 1986).ネルソン(Nelson, 1993)は,大げさな微笑みを乳児が好むことを発見した.乳児が同じ微笑みの中から特に強く表出した微笑みを好んだということから,いろいろな微笑みの表情を区別できていたと結論できる.同じような実験で,生後4ヶ月の乳児はいろいろな恐怖の表情を区別できることもわかった(Serrano et al., 1992, 1995).

　こうした成果をもとに,たくさんの人のつくったさまざまな表情を区別する実験が,今度は7ヶ月齢の乳児を対象に行われた.ネルソンら(Nelson et al., 1979)は,微笑みと恐怖の表情の区別を調べる馴化・脱馴化実験を行った.

　実験に先がけて,先ほどと同じく,さまざまな微笑みの顔の違い,さまざま

な恐怖の顔の違いを，乳児が区別できていることを確認した上で実験は行われた．乳児はまず3人の微笑みに馴化させられた．すると，3人の微笑みの違いを無視し，微笑み自体に馴化することができた．それから恐怖の表情を見せると脱馴化し，微笑みと恐怖の違いを区別できることがわかった．

次の実験では，3人の恐怖の表情に馴化させられた．乳児は，恐怖の表情にも馴化することができた．しかし，それから見せた微笑みに脱馴化することなく，微笑みと恐怖の表情を区別することはできなかった．同じ表情ペアでも，馴化する表情を変えることによって区別できなくなったのだ．

同じようなことが他の実験でも発見された．R. F. キャロンら (Caron et al., 1982) の実験では，4人のモデルの表情を使って，微笑みと驚きの表情の区別を調べた．実験の結果，8ヶ月齢の乳児は，微笑みと驚きのどちらの表情に馴化しても2つの表情を区別できた．ところが，6ヶ月齢の乳児は，微笑みに馴化したときは区別できたが，驚きに馴化したときは区別できなかったのだ．

なぜ，馴化させた表情の種類によって，表情の区別の出来・不出来が生じるのだろう．選好注視の実験と同じように，それぞれの表情に対するなれと珍しさによって説明してみよう．

そもそも人工的になれをつくりだす実験では，対象に対する「本来のなれ」が同じであることが前提となる．本来のなれが異なる場合，なれているものを実験上の「馴化」に使うか，その後の「テストの脱馴化」で使うかで，結果が混乱することになる．

馴化の実験で，2つのものが区別できると判断する基準を復習しておこう．まず特定のものに「馴化」させ，次に「テストの脱馴化」で新しいものを見せる．この新しいものを乳児が珍しがって見ること——注視時間があがって脱馴化すること——が区別できるかどうかの基準となる．

しかし，もともとなれているものを「馴化」で使った場合，どうなるだろう．「テストの脱馴化」のときに登場する表情の珍しさがより際立つ．その結果，区別は容易になる．反対に，もともとなれているものを「テスト」で見せると，どうなるか．新しく珍しく見えるはずのものが，本来のなれのため新しく見え

なくなる．そのため，区別はできなかったとみなされるのだ．

　とはいえ，乳児がよく目にする表情とそうでない表情で，なれと珍しさに違いができるのは，発達上自然なことだ．さらに言えば，このような現象は生後7ヶ月ごろにおきると考えられる．先に説明した表情の選好注視実験がその証拠となる．このころ，乳児は珍しい表情に注目するようになるのだ．

　そうした時期を経て，生後7ヶ月を過ぎると，今度は珍しい表情の経験が，なれた表情の経験に追いつくようだ．珍しい表情というものが，なくなっていくようなのだ．その証拠に，キャロンらの実験の8ヶ月齢の乳児では，表情の珍しさの効果はなくなっていた．そしてもちろん大人の私たちの間でも，特定の表情が珍しく見えるということはない．

　ところで，ある種の経験が，表情認識の発達に深刻な影響を与えることを明らかにした研究がある．すなわち，虐待の経験だ．アメリカの心理学者S. D. ポラックら（Pollak & Tolley-Schell, 2003）は，3歳から5歳の虐待を受けた子どもと養育を放棄された子どもを対象に，表情を見る能力を調べた．

　養育を放棄された子どもの表情認識の成績は，虐待を受けた子どもよりも劣っていた．この差の原因は，経験の違いにあるようだ．養育を放棄された子どもは，親とのかかわりが少なく，表情に対する経験が少ない．そのため，表情がわかりにくくなったようなのだ．

　さらに詳しく調べたところ，養育を放棄された子どもは表情を「悲しい」と判断しがちであることがわかった．一方，虐待を受けた子どもは表情を「怒り」と判断しがちで，悲しみや嫌悪といった表情を区別するのが難しかった．どうやら，目にする機会が多い表情に，表情判断がひきずられていると言えそうだ．養育放棄の子どもは親の「悲しみ」の表情，虐待を受けた子どもは親の「怒り」の表情を見ることが多かったと推測されるからだ．

　このように，表情判断には，経験の重みも大きい．そしてその経験の源は，家族とのかかわりにある．親と子のつながりは，子どもの情緒の発達だけでなく，認識の発達においても重要な役割を担っているのである．

第9章 顔を見る

▶ 表情の見方——大人との違い

　大人と同じ表情の見方ができるようになるのは，いつ頃からなのだろうか．発達変化が見られはじめた生後7ヶ月前後を中心に，大人の表情の見方と比べながら，できることとできないことをみていこう．
　まずは，できることからはじめよう．
　私たち大人は，微笑みの顔には微笑みの声，怒りの顔には怒りの声……と表情と声色を結びつける．顔では微笑みながら怒った声色をしたり，怒りの顔を見せながらも微笑みの声色で話しかける人を見ると，私たちは不安になる．そして，皮肉を言われているのか，あるいは嘘をつかれているのか……，と不一致の理由を探りだそうとする．つまり，表情と声色が少しでも矛盾すると，即座に違和感を抱くほど敏感なのだ．
　こうした声色と顔の表情の結びつきは，やはり生後7ヶ月ごろに可能となるようだ．R. D. フィリップスら（Phillips et al., 1990）の実験では，微笑みと悲しみの表情と声色が一致しているものと矛盾したものを，乳児に示した．すると乳児は，表情と声色が一致したほうに注目することがわかった．つまり，表情と声色を1つのセットとして認識しているようなのだ．
　もう1つは，大人と同様の「顔の倒立効果」が表情でも生じることだ．顔を逆さにしたときに顔認識ができにくくなることは，顔特有の見方を獲得している証拠となる．
　ネルソンら（Nelson & Haan, 1998）の選好注視の実験では，7ヶ月齢の乳児に微笑みと恐怖の表情を見せ，通常は恐怖の表情を好むことを確認した後，今度は顔を逆にして見せたところ，恐怖の表情への好みはなくなった．
　また，顔を見る際の視覚誘発電位（VEP）を記録すると，恐怖の表情を見たときに一番強く反応した．これは，恐怖の表情を見て，「顔だ！」と強く反応したということだ．ところが，恐怖の表情を逆さにすると，この反応は弱くなった．顔反応は消失してしまったといえる．乳児も，顔を逆さにすると，表情のもつ効力は弱まるようである．
　次に，できないことをみよう．

1つ目は，表情を顔全体の印象として見ることだ．大人は顔を1つの特徴というよりは全体の印象で判断する．一方，生後38時間の新生児は，目立ちやすい特徴で表情を判断していた．さらに生後6ヶ月になっても，部分で表情を判断することがわかっている．

F. D. ホロビッツら (Nelson & Horowitz, 1980) は，6ヶ月齢の乳児を対象に，顔の部分を入れ替えて見せる実験を行った．まず，乳児を，驚き顔に馴化させる．その後，①驚き顔をベースにした，目だけ恐怖の表情の合成顔，②同じく口だけ恐怖の表情の合成顔，それと③通常の恐怖の表情，の3つを見せて脱馴化するか調べたのである．実験の結果，乳児は③の恐怖の表情と①目だけ恐怖の表情に脱馴化し，驚き顔から区別していることがわかった．つまり，目の周りが変わるかどうかで，表情を区別しているようなのだ．

もう1つは，肯定と否定といった意味次元のカテゴリに表情をふり分けるのが苦手だということだ．P. M. ルーデマンら (Ludemann & Nelson, 1988 ; Ludemann, 1991) は，肯定的な表情と否定的な表情を用意した．肯定的な表情は，微笑みと，赤ちゃんをあやすときにする，驚いたように見せかけた表情．否定的な表情は，怒りと悲しみの表情だ．それぞれ，見ためにわかりやすい表情とわかりにくい表情とを用意した．

乳児は複数の肯定的な表情グループの顔に馴化した後，否定的な表情を見せられ，脱馴化が調べられた．肯定的な表情と否定的な表情を区別できるかが調べられたのである．複数の種類の表情に馴化したためわかりにくいのか，7ヶ月齢の乳児は表情の区別に失敗した．しかし10ヶ月齢になると，見た目にわかりやすい表情であれば，否定的か肯定的かを区別できた．肯定と否定のカテゴリの形成は，生後10ヶ月を待たねばならないようだ．

それにしても，こうした違いはなぜ生じるのだろうか．表情の最も根本的な情報は，肯定と否定という意味の区別にある．肯定は状況が安全であること，否定は回避すべき危険があることと結びつき，これらは生きていくために必要な情報だ．そのため，このような区別はほとんど生まれつきできるに違いない，と研究者の間で信じられてきた．

そういうことからすると，表情の意味は本来，行動に直結するはずである．最後に，表情が実際の行動の判断指標となりうるかを調べた研究をみてみよう．「社会的参照」と呼ばれる現象の研究である．

　生後7ヶ月ごろから，周りの状況を判断する必要があるとき，乳児はしきりに母親の顔色をうかがうようになる．私たちの実験中でもよく見られる現象だ．母親の顔色から，目の前の状況が安全かどうか判断しようとしているのだ．母親がリラックスして微笑むのは安全のサインで，反対に母親が緊張しているのは危険のサインとなる．こうしたサインをもとに，乳児は次にどういった行動をとるべきかを判断しているのだ．

　母親の表情によって乳児の行動は本当に変わるのだろうか，J. F. ソースら(Bertenthal & Campos, 1984 ; Sorce et al., 1985)は実験で確かめることにした．第3章で紹介した，「視覚的断崖」を利用した実験だ．視覚的断崖は見せかけの断崖である．高さを知覚できる乳児は，この手前で断崖を渡るのを躊躇する．しかし，母親の表情によって行動は変わった．1歳の乳児は，断崖の向こうにいる母親が不安気な表情を示すと渡ろうとしないが，微笑むと断崖を渡りだしたのである．

　さまざまな実験から，経験が蓄積されはじめた生後7ヶ月ごろ，表情を見るしくみはおおざっぱに完成することが推測される．またこのころは，情緒面や身体面の発達も活発だ．ハイハイなどで自力で動く直前ということもあり，表情を使ったコミュニケーションは，身に迫る危機の回避のために，必須とされはじめる時期でもある．そうした実際的な必要から，この時期以降に表情の否定・肯定の区別についても急速に発達するのだと考えられる．生後7ヶ月から10ヶ月のあいだで実験結果に差が出るのは，そこにちょうどこうした過渡期があるからなのだ．

引用文献

Ahrens, S. R. (1954). Beitrage zur entwicklung des physiognomie und mimikerkennes. *Zeitschrift für Experimentelle und Angewandte Psychologie*, **2**, 412-454.

Barrera, M. E., & Maurer, D. (1981). The perception of facial expressions by the three-month-old. *Child Development*, **52**, 203-206.

Bertenthal, B. I., & Campos, J. J. (1984). A reexamination of fear and its determinants on the visual cliff. *Psychopysiology*, **21** (4), 413-417.

Bushnell, I. W. R. (1998). The origins of face perception. In F. Simon, & G. Butterworth (Eds.), *The Development of Sensory, Motor and Cognitive Capacities in Early Infancy* (pp. 69-86). Hillsdale (N. J.): Erlbaum.

Bushnell, I. W. R., Sai, F., & Mullin, J. T. (1982). Neonatal recognition of the mother's face. *British Journal of Developmental Psychology*, **7**, 3-15.

Carey, S. (1992). Becoming a face expert. *Philosophical Transaction of the Royal Society of London, B*, **335**, 95-103.

Caron, R. F., Caron, A., & Myers, R. S. (1982). Abstraction of invariant face expressions in infancy. *Child Development*, **53**, 1008-1115.

Cohen, L. B., & Cashon, C. H. (2001). Do 7-month-old infants process independent features or facial configurations? *Infant & Child Development*, **10**, 83-92.

Fantz, R. L. (1961). The origin of form perception. *Scientific American*, **204**, 67-72.

Fantz, R. L. (1963). Pattern vision in newborn infants. *Science*, **140**, 296-297.

Fantz, R. L. & Fagan, J. F. (1975). Visual attention to size and number of pattern details by term and preterm infants during the first six months. *Child Development*, **46**, 224-228.

Fantz, R. L. & Yeh, J. (1979). Configurational selectivities: Critical for development of visual perception and attention. *Canadian Journal of Psychology*, **33** (4), 277-287.

Farroni, T., Csibra, G., Simion, F., & Johnson, M. H. (2002). Eye contact detection in humans from birth. *PNAS*, **99**, 9602-9605.

Field, T. M., Cohen, D., Garcie, R., & Collins, R. (1983). Discrimination and imitation of facial expression by term and preterm neonates. *Infant Behavior & Development*, **6**, 485-489.

Fujita, K. (1987). Species recognition by five macaque monkeys. *Primates*, **28** (3), 353-366.

Geldart, S., Mondloch, C. J., Maurer, D., de Schonen, S., & Brent, H. P. (2002). The effect of early visual deprivation on the development of face processing. *Developmental Science*, **5** (4), 490-501.

Goren, C. C., Starty, M., & Wu, P. Y. K. (1975). Visual following and pattern discrimination of face-like stimulus by newborn infants'. *Pediatrics*, **56**, 544-549.

Haan, M., & Nelson, C. A. (1998). Discrimination and categorization of facial expressions of emotion during infancy. In A. Slater (Eds.), *Perceptual Development: Visual, Auditory, and Speech Perception in Infancy*. UK: Psychology Press.

Johnson, M. H., & Morton, J. (1991). *Biology and Cognitive Development: The Case of Face Recognition*. Oxford: Basil Blackwell.

Kelly, D. et al. (2004). The XIVth Biennial International Conference on Infant Studies. Chicago, U. S. A.

Kleiner, K. A. (1987). Amplitude and phase spectra as indices of infants' pattern

第9章 顔を見る

preferences. *Infants Behavior & Development*, **10**, 40-50.
Kuchuk, A., Vibbert, M., & Bornstein, M. H. (1986). The perception of smiling and its experimental correlates in three-month-old infants. *Child Development*, **57**, 1054-1061.
La Barbera, J. D., Izard, C. E., Vietze, P., & Parisi, S. A. (1976). Four- and six-month-old infants' visual response to joy, anger and neutral expressions. *Child Development*, **47**, 535-538.
Ludemann, P. M. (1991). Generalized discrimination of positive facial expressions by seven- and ten-month-old infants. *Child Development*, **62**, 55-67.
Ludemann, P. M., & Nelson, C. A. (1988). The categorical representation of facial expressions by 7-month-old infants. *Developmental Psychology*, **24**, 492-501.
Nakato, E., Kanazawa, S., & Yamaguchi, M. K. (2005). *The effect of rotation information on infant's recognition of unfamiliar faces viewed from different viewpoint.* 28th European Conference on Visual Perception. A Coruna, Spain.
Nakato, E., Otsuka, Y., Kanazawa, S., Yamaguchi, M. K., Watanabe, S., & Kakigi, R. (in press). When do infants differentiate profile face from frontal face? : A near-infrared spectroscopic study. *Human Brain Mapping*.
Nelson, C. A. (1993). The recognition of facial expressions in infancy : Behavioral and electrophysiological evidence. In B. de Boysson-Bardies *et al.* (Eds.), *Developmental Neurocognition : Speech and Face Processing in the First Year of Life*. Netherlands : Kluwer Academic Publishers.
Nelson C. A., & Dolgin, K. (1985). The generalised discrimination of facial expressions by 7-month-old infants. *Child Development*, **56**, 58-61.
Nelson C. A., & Haan, M. (1998). A neurobehavioral approach to the recognition of facial expressions in infancy. In J. A. Russell (Ed.), *The Psychology of Facial Expression*. New York : Cambridge University Press.
Nelson, C. A., & Horowitz, F. D. (1980). Asymmetry in facial expression, *Science*, **209**, 834.
Nelson, C. A., Morese, P. A., & Leavitt, L. A. (1979). Recognition of facial expressions by seven-month-old infants. *Child Development*, **50**, 1239-1242.
O'Toole, A. J., Roark, D., & Adbi, H. (2002). Recognizing moving face : A psychological and neural synthesis. *Trends in Cognitive Sciences*, **6**, 261-266.
Otsuka, Y., Kanazawa, S., Yamaguchi, M. K., O'Toole, A. J., & Abdi, H. (2005). The effect of motion information on infants' recognition of unfamiliar face. *The Japanese Journal of Psychonomic Science*, **24**, 125-126.
Otsuka, Y., Nakato, E., Kanazawa, S., Yamaguchi, M. K., Watanabe, S., & Kakigi, R. (2007). Neural activation to upright and inverted faces in infants measured by near infrared spectroscopy. *NeuroImage*, **34 (1)**, 399-406.
Otsuka, Y., Nakato, E., Konuma, Y., Kanazawa, S., Tomonaga, M., & Yamaguchi, M. K. (Submitted). Perception of illusory shift of eye gaze direction by infants.
Pascalis, O., de Schonen, S., Morton, J., Deruelle, C., & Fabre-Grenet, M. (1995).

Mother's face recognition by neonates : A replication and extension. *Infant Behavior & Development*, **18**, 79-85.

Pascalis, O., de Haan, M., & Nelson, C. A. (2002). Is face processing species-specific during the first year of life? *Science*, **25**, 1321-1323.

Phillips, R. D., Wagner, S. H., Fells, C. A., & Lynch, M. (1990). Do infants recognize emotion in facial expressions? : Categorical and "metaphorical" evidence. *Infant Behavior & Development*, **13**, 71-81.

Pollak, S. D., & Tolley-Schell, S. A. (2003). Selective attention to facial emotion in physically abused children. *Journal of Abnormal Psychology*, **112** (3), 323-338.

Quinn, P. C., Kuhn, Y. A., Slater, A. M., & Pascalis, O. (2002). Presentation of the gender of human faces by infants : A preference for female. *Perception*, **31**, 1109-1121.

Rosenstein, D., & Oster, H. (1988). Differential facial responses to four basic tastes in newborns. *Child Development*, **59** (6), 1555-1568.

Schwarzer, G., & Zauner, N. (2003). Face processing in 8-month-old infants : evidence for configural and analytical processing. *Vision Research*, **43**, 2783-2793.

Serrano, J. M., Iglesias, J., & Loeches, A. (1992). Visual discrimination and recognition of facial expression of anger, fear, and surprise in 4- to 6-month-old infants. *Developmental Psychobiology*, **25**, 411-425.

Serrano, J. M., Iglesias, J., & Loeches, A. (1995). Infants' response to adult static facial expressions. *Infant Behavior & Development*, **18**, 477-482.

Simion, F., Valenza, E., Macchi, V., Turati, C., & Umiltà, C. (2002). Newborns' preference for up-down asymmetrical configurations. *Developmental Science*, **5** (4), 427-434.

Sorce, J. F., Emde, R. N., Campos, J., & Klinnert, M. D., (1985). Maternal emotional signaling : Its effect on the visual cliff behavior of 1-year-olds. *Developmental Psychology*, **21** (1) 195-200.

Valentin, D., & Herve, A. (2003). Early face recognition : What can we learn from a myopic baby neural network? In O. Pascalis & A. Slater (Eds.), *The Development of Face Processing in Infancy and Early Childhood : Current Perspectives*. New York : NOVA Science publishers.

Wollaston, W. H. (1824). On the apparent direction of eye in a portrait. *Philosophical Transactions of the Royal Society of London*, B, **114**, 247-256.

Yamaguchi, M. K. (2000). Discriminating the gender of faces by 6 and 8 month old infants. *Perceptual & Motor Skills*, **91**, 653-663.

Yamaguchi, M. K. et al. (2004). The XIVth Biennial International Conference on Infant Studies. Chicago, U. S. A.

山口真美 (2003). 赤ちゃんは顔をよむ──視覚と心の発達学　紀伊國屋書店.

山口真美 (2006). 視覚世界の謎に迫る──脳と視覚の実験心理学　講談社.

Young-Browne, G., Rosenfeld, H. M., & Horowitz, F. D. (1977). Infant discrimination of facial expressions. *Child Development*, **48**, 555-562.

あとがき
──知覚発達は発達心理学になりうるか──

 「知覚・認知発達心理学」は知覚・認知心理学でもあり，発達心理学でもある．この2つの名前が結合した心理学を行ってきた筆者（山口）にとって，「専門は，何心理学ですか？」という質問ほど，悩ましいものはない．質問を受けるたびごとに，「知覚・認知心理学」と「発達心理学」の2つの看板を選ぶことになり，まるでコウモリのような気分になる．

 筆者の母校は，日本の発達心理学を生み育てた場所で，発想の原点は発達心理学にあると思っている．大学院で受けた授業をありありと思い出す．藤永保名誉教授が退官に近く，研究の集大成を耳にした．それは，今でいうところの養育放棄された子どもを救出してケアした話．歪んだ生育環境は，身体発達の異常までをもひきおこしていた．しかも発見された時点で生物学的に既定された刺激入力期限である「臨界期」をすぎていたことから，常識からするとその後の発達は絶望的なものがあった．ところが，その後の手厚いケアによって発達は回復したのである．「臨界期」の概念を覆す，画期的なデータであった．

 大学院生という研究生活の出発点にあたる大切な時期に，発達という不思議な現象を象徴する生のデータに遭遇できたことは幸運だった．なぜなら，心理学の研究というのは実践であり，生のデータにこそ価値があるからだ．誰かの思想という借り物ではない，自分が見出したデータ以上に，心理学で大切とされるものはない．しかもとても重要なことに，その信念は領域を超える．心理学に横たわる，臨床心理学と基礎心理学という大きな溝すらこえた，心理学の基本原理ともいえる．そして発達こそ，生成過程というダイナミックで生物学的に興味深いデータを取ることができる分野なのである．

 だからこそ，本書を手にする若い学生さんたちには，基本的知識をしっかりと身につけ，自分の力でデータを生産し，新しい心理学の道を歩んでほしいと願っている．本書は，日本語という，極東の小さな国でしか通じない，特殊な

言語で書かれているが，自分で作り上げた生のデータは海外に行っても通じるのだから．

海外に行っても通じるという点で言えば，「知覚・認知心理学」などの基礎心理学には，そのスタート地点から海外への目線があった．しかも，認知科学や脳科学と，続々と生まれるさまざまな最先端の分野からの挑戦を受け続けてきた分野であり，心理学という学問領域を常に問われ続けてきた分野でもある．互いに切磋琢磨しあい，生産的な分野であるとも言える．一方の発達心理学は残念ながら，それほど国際化が進んでいるとは思えない現状がある．「知覚・認知」と「発達」は，心理学の中でも対極にある分野ともいえるかもしれない．共同研究者である，本書でも多く登場したミネソタ大学の Albert Yonas 教授は「知覚を研究するための手段として，発達を使うのだ」と語っていた．

翻って思う．「知覚発達」は発達心理学なのだろうか．

たとえば発達心理学の教科書に，「知覚発達」が章の項目として立つことがどれくらいあるだろうか．そもそも発達心理学の重要な問題，「臨界期」を解明する上では，神経科学や脳科学の進歩の恩恵をいちばん受けている発達初期こそが学問上重要であるはずなのだが．

この答えの追究は，本書を読んで研究を志すに至った人への課題として贈りたい．

本書は，心理学を専門とする人と専門外の人の双方に，発達という視点から基礎的な心理学に興味をもってもらうことを目的として書かれた教科書である．

発達とは，システムが順番に作り上げられる道筋を示すものであり，発達というストーリーから見ると視覚システムは理解しやすい．ヒトの情報の大半は視覚システムから受け取られる．しかも進化的に格段に進んだヒトの視覚システムは，その発達過程も複雑だ．そんな複雑な発達過程をたどることによって，生物としてのヒトの不思議さに改めて気づいてもらえれば幸いだ．そしてこの教科書を読んで心理学に興味を持ってもらえれば，とても嬉しい．また，これを一つの研究のやり方として学んで，心理学にこだわらず研究を志す人が出てくれたらさらに嬉しいことである．　（山口真美）

あとがき

　本書は，視知覚の発達に関する標準的な教科書をめざした．ふんだんな文献リストをつけ，最先端の研究をレビューした日本語で読めるものとしては，本書が最初のもののように思う．その責務を果たすべく，知覚発達研究にとって重要と思われるテーマを，できるだけ解説するように努めた．

　それでも，2人の著者で視知覚全体をカバーするのは難しく，詳しく解説しきれなかったものもいくつかある．たとえば両眼立体視，色の知覚，明るさの知覚，などのテーマは，ある意味で詳細な記述を避け，重要なトピックを簡潔に述べるにとどめてある．しかし逆に，視力や脳の発達から説き起こした運動視関連の章や，形の知覚をベースにした顔の知覚などの章についていえば，両著者の専門とも重なることもあり，かなり詳細な解説を書くことができたと思う．参考文献を含めて，ぜひ，本書を知覚の理解に役立ててほしい．

　本書を書こうと思ったきっかけの1つに，知覚発達の標準的な事実が，専門家のあいだにもあまり知られていないということがあった．たとえば「3ヶ月齢」と「5ヶ月齢」といわれても，その視覚世界にどのような違いがあるのか，ピンとこないのではないか．本書は，1つ1つの文献や実験を解説することをめざしながら，それらのデータを月齢ごとに横につなぎ，可能な限り当該月齢でのトータルな視知覚の世界が描けるように構成を行っている．要は，「赤ちゃんからみた世界」を感じてもらうための，素材を提供することが本書の最大の目的である．

　発達研究の目的は，原始的な系が集まり，それが1つの機能しているシステムへと統合されていく過程を描き出すことにある．それは，1つの線でつながったストーリーを描きだすことでもあるだろう．せわしない現代においては知覚研究もその例にもれず，私たち自身が体験している「今ここ」の全体的な感覚を，しばしばバラバラに切り分けて研究することになる．「困難は分割せよ」というわけだが，そのことでかえって全体が見えにくくなることもあるだろう．発達研究にもし何らかの役割があるとするなら，そのバラバラのピースを，大雑把でもいいのでとにかく1つにまとめてみるという点にある．幸いこの日本には，さまざまな知覚トピックを研究しておられる数多くの優秀な方々がいる．

また世界的にみても,歴史と伝統もある.こうした諸先生方と協力しながら,その発達過程を明らかにしていくことに従事できるのであれば,これほどの喜びはない.今後もその作業に,微力ながらしかし最大限の努力をもって,貢献していきたいと考えている.

本書を書き進めながら感じたことだが,1970年代から80年代にかけて,知覚発達に関する多くの基礎的なテーマが,すでに研究されてしまっているとの印象もないわけではない.実際,*Nature* や *Science* に載る知覚発達の論文は,当時に比べればずっと少なくなったようにも思う.しかし,「今ここ」を構成している視知覚の全体性が,どのような順序構造により構成されているのか,と問うてみれば,実は数多くのトピックが,ほとんど手付かずの状態でもあることにも気づく.未来の私たち自身も含めて,本書が,本書にもまだ書かれていないテーマへと踏み出すための土台となることを切に願っている.

本書の1,2,4~6章は金沢が,7~9章は山口が初稿を執筆し,3章は山口と金沢が共同で執筆した.これらの記述をベースに,主に全体の用語統一や,わかりにくい表現の修正を,すべて山口が担当した.用語や記述の統一と修正については,共著者山口と東京大学出版会の小室さんにたいへんな苦労をかけてしまった.これらは原稿の遅れも含めて,ひとえに金沢の「独創」ならぬ「独走」的な原稿の問題である.編集の小室さんの丁寧な対応がなければ,本書の完成はさらに遅れていたであろう.心より感謝の意を表しておきたい.

今もなお驚くべき体験を与え続けてくれるこの「視覚系」というミステリーに,そしてそのミステリーにストーリーを与えてくれる赤ちゃんたちに,最後にそのストーリーをつむぎだす努力を粘り強く続けているラボのメンバーたちに,それぞれ心より感謝し,次なる研究のためにあとがきを閉じることにしよう.(金沢 創)

索 引

あ行

明るさ 45
アモーダル補完 136, 152
閾値 10, 16, 28, 60, 61, 65, 72, 117
一次視覚野（V1） 17, 78, 82, 84, 90, 95
色 39, 71
　——の恒常性 49
　——の好み 44
　——の誘導 51
陰影 122, 153
インプリンティング（imprinting：刷り込み） 164
ウィリアムズ症候群（Williams syndrome） 25, 143
動き 77, 99
　——による分化（motion segregation） 100, 115, 117
運動からの構造復元（structure from motion） 90, 105, 109, 111, 114, 120
運動残効 27, 28
運動視 24, 30, 31, 58, 78, 79, 85, 104
運動視差 114, 150
運動透明視（motion transparency） 28, 90, 117, 153
エイムズの窓 151, 157
S錐体 41, 44
MST野 90, 95
M錐体 41, 45
MT野 90, 95
L錐体 41, 45
往復運動（oscillating） 86
大きさの恒常性 158

か行

奥行き 24, 105, 121, 122, 134, 138, 145
　絵画的——手がかり 146, 151
快・不快 185
外側膝状体（LGN） 27, 95
顔 138, 163
　——学習 179
　——空間モデル 168
　——認知 25
覚醒・眠り 185
拡大運動 77
形 2, 24, 99, 120, 127, 138, 158
　——の恒常性 158
桿体細胞 39
既知選好 5
虐待 188
キャストシャドー 154
強制選択選好注視法（forced-choice preferential looking method） 4, 10, 42, 60, 61, 84
強調顔 180
共通運命（common fate） 128
局所的な運動 115
近赤外線分光法（NIRS） 173
近接（proximity） 128
空間 24, 25, 78, 143
空間周波数 7, 11, 57, 61, 70
　——チャンネル 9, 14, 15
形態視 24, 31, 78
ゲシュタルト心理学 127
ゲシュタルトの法則 128
結合探索（conjunction search） 29

199

光学的流動　*145*
高機能自閉症　*29*
恒常性　*158*
　　色の——　*50*
　　大きさの——　*158*
　　形の——　*158*
合成顔　*175*
剛体性の知覚　*112*
心の理論　*29*
誤信念課題　*29*
子どもたちのための埋め込み図形課題（CEFT）　*30*
コントラスト　*169, 170*
コントラスト感度　*8, 10, 12, 31, 70*
　　——関数（CSF）　*8, 11, 13, 57*

さ行

最小運動法（minimum motion method）　*46*
錯視　*149, 151*
　　サッチャー——　*173*
左右対称　*140*
3次元　*117, 138, 155, 171*
視運動性眼振　→OKN
視覚経験　*144, 182*
視覚探索課題　*91, 93*
視覚的断崖（visual cliff）　*144, 152*
視覚野　*22, 23*
視覚誘発電位（VEP）　*11, 17, 42, 81, 82, 85, 90, 94, 147, 189*
時間コントラスト感度関数（tCSF）　*57, 63, 66, 67*
時間周波数　*57, 61, 70*
色弱　*40*
色盲　*40*
時空間フィルター　*70*
視線　*30, 176*
失読症　→ディスレクシア
シナプス発生論（synaptogenesis）　*22*

自発選好　*5*
視物質　*39*
自閉症　*26, 29-31*
縞視力　*6, 7, 57, 70*
社会的参照　*191*
社会的能力　*29*
斜視　*148, 149*
遮蔽　*104, 113, 120, 152*
主観的等輝度点　*46*
主観的輪郭　*43, 110, 133*
　　——図形（カニッツアタイプ）　*103*
馴化（habituation）　*4, 106, 111, 121, 130, 132, 136, 137, 141, 159, 171, 190*
　　——・脱馴化　*4, 175, 176, 180, 186*
　　——・復帰法（habituation-recovery procedure）　*5*
瞬目反応　*80*
上側頭溝　*173*
正面顔　*171*
視力（visual acuity）　*6, 9*
　　——検査　*4*
　　——発達　*144*
新奇選好　*4, 163*
神経節細胞　*21, 27*
人種効果　*178*
新生児模倣　*139*
髄鞘化　→ミエリン化
錐体細胞　*21, 39*
図と地　*129*
刷り込み　→インプリンティング
生態学的視点　*152*
生得性　*144*
正立顔　*173*
選好注視（preferential looking）　*1, 5, 6, 16, 18, 42, 63, 92, 119, 133, 163, 166, 184, 186*
全体処理　*173, 175, 176*
剪断運動（shear motion）　*86*
前頭葉　*23*

側抑制 *14*

た行

対比 *51*
大域的な運動 *26, 78, 115, 120*
脱馴化 *156, 159, 190*
単眼 *109, 149, 150*
短波長錐体 →S錐体
知覚的体制化の法則（the law of perceptual organization） *128*
注意の瞬き（attention blink） *28*
中心窩 *21*
中波長錐体 →M錐体
聴覚野 *23*
長波長錐体 →L錐体
ディスレクシア（dyslexia：失読症） *26, 27*
統合的な機能 *32*
頭頂葉 *29*
透明視 *137*
倒立顔 *173*
倒立効果 *173, 189*

な行

斜め顔 *171*
二次視覚野（V2） *82*
ニューロン *22*

は行

パーボ系 *27*
バイオロジカル・モーション（biological motion） *31, 112*
背側系（dorsal stream） *24, 30, 143, 150*
——の脆弱性 *26, 143*
配置情報 *168, 178*
パタン認識 *32, 144*
発達障害 *26, 143*
バンドパス型 *14, 15, 66, 70*
皮質 *70, 81, 90, 95*

皮質下 *69, 70, 79, 81, 90*
人見知り *179*
雛形 *141*
表情 *182, 186*
フーリエ解析 *9*
複雑性一固有仮説（complexity-specific hypothesis） *32*
輻輳 *147*
腹側系（ventral stream） *24, 30, 143*
物体認識 *144*
分化（segregation） *86*
　動きによる—— *100, 115, 117*
平均顔 *180*
防御反応 *77, 90, 145, 152*
方向性をもった運動（directional motion） *82*
　——による分化（directional motion segregation） *90*
方向選択性 *17*
紡錘状回 *173*
補完 *110, 113, 121, 136*
母国語の習得 *177*
ポスティング課題 *25*

ま行

マグノ系（magnocellular pathway） *27*
マスキング実験 *15*
マッチング課題 *25*
ミエリン化（髄鞘化） *95*
網膜 *21, 39, 69, 95, 138, 158*
モーダル補完 *136, 152*

や行

指差しの理解 *30*
よい形（good figure） *128*
養育放棄 *188*
よき連続（good continuation） *128*
横顔 *171*

ら行

ランドルト環　6
リーチング　105, 114, 121, 122, 151, 154
離巣性　163
立体　120, 122
両眼　146
両眼視差　107, 109, 121, 146
両眼視野闘争　18
両眼融合　148
両眼立体視　18, 105, 109, 117, 146-148, 159
臨界融合周波数（CFF）　59, 67
輪郭線　132
類同化（similarity）　128
ローパス型　14, 15, 66

欧文

CEFT（Children's Embedded Figure Test）　→子どもたちのための埋め込み図形課題
CFF（critical fusion frequency）　→臨界融合周波数
CFM（color from motion）　43
CSF（contrast sensitivity function）　→コントラスト感度関数
Dmax　86
LGN　→外側膝状体
Lmax　8
Lmin　8
NIRS　→近赤外線分光法
OKN（optokinetic nystagmas：視運動性眼振）　43, 47, 79, 85, 90, 94, 117
──反応の非対称性　80
tCSF（temporal contrast sensitivity function）　→時間コントラスト感度関数
VEP　→視覚誘発電位

〈著者紹介〉

山口 真美（やまぐち・まさみ）
中央大学文学部教授
主著：『赤ちゃんは顔をよむ』（紀伊國屋書店，2003），『視覚世界の謎に迫る』（講談社，2005），『赤ちゃんは世界をどう見ているのか』（平凡社，2006），『発達障害の素顔』（講談社，2016），『自分の顔が好きですか？』（岩波書店，2016）

金沢 創（かなざわ・そう）
日本女子大学人間社会学部教授
主著：『「神」に迫るサイエンス』（共著，角川書店，1998），『他者の心は存在するか』（金子書房，1999），『他人の心を知るということ』（角川書店，2003），『妄想力』（光文社，2006），『知覚・認知の発達心理学入門』（山口との共編著，北大路書房，2008），『ゼロからはじめる心理学・入門』（共著，有斐閣，2015）

赤ちゃんの視覚と心の発達　補訂版

2008年9月19日　初　版第1刷
2019年4月10日　補訂版第1刷

［検印廃止］

著　者　山口真美・金沢　創
発行所　一般財団法人　東京大学出版会
代表者　吉見俊哉
153-0041　東京都目黒区駒場 4-5-29
http://www.utp.or.jp/
振替 00160-6-59964

印刷所　大日本法令印刷株式会社
製本所　誠製本株式会社

©2019 Masami Yamaguchi and So Kanazawa
ISBN 978-4-13-012116-3　Printed in Japan

JCOPY〈出版者著作権管理機構　委託出版物〉
本書の無断複写は著作権法上での例外を除き禁じられています．複写される場合は，そのつど事前に，出版者著作権管理機構（電話 03-5244-5088，FAX 03-5244-5089, e-mail: info@jcopy.or.jp）の許諾を得てください．

心理学　第5版
鹿取廣人・杉本敏夫・鳥居修晃 [編]　A5判・364頁・2400円

心理学の全体像を見通し，体系立てて学べる，信頼のロングセラーテキスト．認知神経科学・発達障害・進化心理学について，新たな執筆者を迎え，さらに補強．概要をつかみたい初学者から，ポイントを復習したい大学院受験者まで，幅広いニーズに対応．

ベーシック発達心理学
開　一夫・齋藤慈子 [編]　A5判・288頁・2400円

心と体の生涯発達への心理学的アプローチの方法から，乳幼児期の認知・自己・感情・言語・社会性・人間関係の発達の詳細，学童期〜高齢期の発達の概要，発達障害への対応まで，子どもにかかわるすべての人に必要な発達心理学の基礎が身に付くようガイドする．幼稚園教諭・保育士養成課程にも対応．

心理学研究法入門──調査・実験から実践まで
南風原朝和・市川伸一・下山晴彦 [編]　A5判・272頁・2800円

仮説生成のための質的研究法，教育・臨床現場での実践研究など，心理学研究の新しい展開から，仮説検証や統計法の適用に関する方法論的問題まで論じた本格的な入門書．研究計画，論文執筆，学会発表，研究倫理についても具体的に説く．

錯視の科学ハンドブック
後藤倬男・田中平八 [編]　菊判・624頁・15000円

視覚的な錯覚でありながら，見間違いとは異なる正常な視知覚の現れである錯視．この不思議な現象を，豊富なカラー図版で概観し，その理論・応用・製作法までを扱う．知覚心理学・色彩科学やデザインを学ぶ人に．

顔を科学する──適応と障害の脳科学
山口真美・柿木隆介 [編]　A5判・352頁・4600円

人間が人間の顔をみる仕方は「特別」である．瞬時に個人の特定，感情状態の特定や注意の方向などを読み取る．新生児の親の顔認知，顔認知発達の障害，霊長類との比較，工学的応用の可能性まで，発達科学や脳科学が明らかにしてきた顔認知の最前線から，人間の社会，進化，発達の秘密を読む．

ここに表示された価格は本体価格です．ご購入の際には消費税が加算されますのでご了承ください．